Feine Kartoffelgerichte

einfach & leicht

Feine Kartoffelgerichte

unipart

Vorwort

Braun, länglich oder rund – so sieht sie aus, die tolle Knolle, aus der die herrlichsten Gerichte gezaubert werden. Die Kartoffel zählt zu den gesündesten Gemüsesorten, die wir kennen. Sie sieht zwar nicht besonders attraktiv aus, hat jedoch wertvolle Inhaltsstoffe, die für die vollwertige Ernährung unverzichtbar sind.

Die Heimat der Kartoffel sind die Hochländer Südamerikas, hier wurde sie bereits in den ersten Jahrhunderten nach Christi Geburt als Nahrungspflanze geschätzt. Nach Europa gelangte die Kartoffel um 1550. Allerdings wurde sie wegen ihrer zarten, weißen Blüten nur als Zierpflanze in Gärten gehalten. Erst im 18. Jahrhundert setzte Friedrich der Große in Preußen den Kartoffelanbau mit Gewalt durch und sorgte so für eine wertvolle Ergänzung zur damaligen Ernährung. Das Vorurteil, dass Kartoffeln Dickmacher seien, wurde mittlerweile widerlegt. Sie enthalten äußerst wenig Fett und sind wasserreich. Wegen ihres hohen Stärkegehaltes sind Kartoffeln sehr sättigend. Galten die Kartoffeln in früheren Zeiten als „Arme Leute-Gemüse", so haben sie heute einen Stammplatz in der Alltags-Küche genauso wie im Sterne-Restaurant.

Kartoffeln können auf die verschiedensten Arten zubereitet werden. Von der Pellkartoffel über die herzhafte Kartoffelsuppe bis hin zum raffinierten Kartoffelauflauf sind alle Variationen möglich. Für jeden Geschmack können Kartoffeln mit Lebensmitteln aller Art kombiniert werden.

Deftige Eintöpfe mit Kartoffeln, pikante Kartoffelsalate oder ein würziges Kartoffelgratin sind jederzeit beliebt auf dem Speisezettel. Freunde der vegetarischen Küche kommen ebenso auf ihre Kosten wie Anhänger von Fleisch, Wurst und Fisch. Von Salzkartoffeln über Klöße, Pommes frittes, Kroketten bis hin zu Bratkartoffeln bieten sie eine reiche Auswahl an sättigenden Beilagen für viele Gelegenheiten.

Das vorliegende Kochbuch mit köstlichen Rezepten möchte Sie dazu anregen, möglichst oft Kartoffeln zu servieren. Wir sind sicher, dass viele Rezepte zu Ihren Lieblingsspeisen werden. Ob Sie für sich und Ihre Familie kochen oder Gäste bewirten – es ist für jeden Geschmack und jeden Anlass etwas dabei! Lassen Sie sich von dieser Rezeptsammlung dazu verführen, auch selbst immer wieder neue Kartoffelrezepte zu erfinden, die Rezepte können Sie ganz nach Ihrem persönlichen Geschmack abändern oder mit Zutaten Ihrer Wahl ergänzen. Experimentieren Sie mit Gewürzen und Kräutern – Sie werden von den verschiedenen Kartoffelgerichten sicher begeistert sein.

Wir wünschen Ihnen bei der Zusammenstellung des Speiseplanes, beim Einkauf der Lebensmittel, bei der Zubereitung und vor allem beim Schlemmen und Genießen der köstlichen Gerichte viel Spaß und einen gesunden Appetit.

Ihre Redaktion

Einleitung

Über 100 Kartoffelsorten zählt man zur Zeit in Deutschland, davon werden die meisten jedoch nur für industrielle Zwecke genutzt. Aus ihnen werden Stärke, Alkohol, Neuzüchtungen und Saatkartoffeln hergestellt. Ein großer Teil der Speisekartoffeln kommt bereits verarbeitet auf den Markt. Die Palette reicht von Püreeflocken über Pommes frittes, Kroketten, Chips bis hin zum Kloßteig.

Kartoffeln werden je nach Reife- und Erntezeit in fünf Gruppen eingeteilt:

Frühkartoffeln haben eine zarte Schale, die zum Verzehr geeignet ist. Sie sind bei Feinschmeckern sehr beliebt. Frühkartoffeln werden ab Ende März in den Boden gelegt und unter Folie gezogen. Geerntet werden sie ab Ende Mai oder Anfang Juni. Sie schmecken frisch am besten und sind nicht zum Einlagern geeignet. Man bewahrt sie an einem dunklen Ort nicht länger als zwei Wochen auf.

Sehr frühe Kartoffeln haben eine feste Schale, der Geschmack ist etwas kräftiger als bei den Frühkartoffeln, die Erntezeit ist im Juni. Die Sorte ist vorwiegend fest kochend und zum Einlagern nicht geeignet. Hauptlieferanten sind südliche Länder wie Ägypten, Zypern, Israel, Tunesien, Marokko und die europäischen Mittelmeerländer.

Frühe Kartoffeln haben eine festere Schale und einen kräftigeren Geschmack. Sie werden Anfang Juli bis Mitte August geerntet und sind vorwiegend fest kochend. In einem dunklen Raum können sie bis zum späten Herbst gelagert werden.

Mittelfrühe Kartoffeln reifen etwa Mitte August, sie werden bis Mitte September geerntet. Ihre Schale ist sehr fest, das Fruchtfleisch ist gelblich und hat einen kräftigen Geschmack. Sie sind entweder mehlig kochend oder fest kochend und zum Einlagern in einem dunklen, kühlen Raum geeignet.

Mittelspäte und späte Kartoffeln werden von Mitte September bis Ende Oktober geerntet und stammen meist aus heimischen Anbaugebieten. Je nach Sorte sind sie mehlig kochend bis fest kochend.

Was Sie beim Kartoffelkauf beachten müssen:

Kartoffeln werden während des ganzen Jahres im Supermarkt oder auf dem Wochenmarkt angeboten. Wer keinen geeigneten Raum zum Einlagern hat, muss deshalb nicht auf Kartoffeln verzichten.

Beim Einkauf muss darauf geachtet werden, dass die Knollen ausgereift, sauber und nicht beschädigt sind. Es sollte keine Erde an den Knollen haften, da sich darin Schädlinge und Feuchtigkeit halten. Die Kartoffeln müssen eine feste Beschaffenheit aufweisen, weiche oder runzelige Kartoffeln haben bereits einen großen Teil der wertvollen Nährstoffe verloren.

Kartoffeln sollten in luftdurchlässigen Säcken, Netzen oder Körben verpackt sein, in dichten Plastiktüten können sie leicht faulen.

Beim Kauf dürfen Kartoffeln keine Triebe, grüne oder braune Stellen haben. Schadhafte Kartoffeln sollten sofort aussortiert werden, damit sie gesunde Knollen nicht anstecken und verderben.

Sollen Kartoffeln gelagert werden, so müssen sie an einem dunklen, kühlen Ort aufbewahrt werden. Lichteinfall bewirkt, dass

Einleitung

Einleitung

die Kartoffeln zu treiben beginnen oder sich grün verfärben. Das dadurch entstehende Solanin ist giftig und kann zu Kopfschmerzen, Übelkeit oder Durchfall führen. Vorsichtshalber werden grüne Stellen an den Kartoffeln großzügig entfernt oder die Kartoffeln aussortiert.

Eine Lagertemperatur von ca. 5 °C ist für Kartoffeln am günstigsten, bei niedrigerer Temperatur wird die Stärke in Zucker umgewandelt, bei höheren Temperaturen beginnen die Kartoffeln zu keimen, und die Inhaltsstoffe gehen verloren.

Kartoffeln – das gesunde Gemüse

Kartoffeln sind trotz ihres hohen Nährwertes sehr kalorienarm. 100 g gekochte Kartoffeln enthalten nur ca. 70 kcal. Der Wasseranteil beträgt ca. 78 g, der Fettanteil nur 0,10 g. Der Anteil an Kohlenhydraten liegt bei ca. 15 g und an Ballaststoffen bei ca. 3 g pro 100 g gekochten Kartoffeln.

In Kartoffeln sind die Vitamine A, C, D, E, K und viele B-Vitamine enthalten, außerdem Niacin, Folsäure, Panthothensäure und Biotin. Lebenswichtige Mineralstoffe, wie Kalium (ca. 440 mg/pro 100 g), Kalzium, Phosphor, Magnesium, Fluor, Zink und Natrium, tragen dazu bei, dass sie zu den hochwertigsten Lebensmitteln gezählt werden.

Zu 15–20 % bestehen Kartoffeln aus Stärke, diese gehört zu den Kohlenhydraten, die der Körper nur langsam abbaut. Mehlig kochende Kartoffeln enthalten mehr Stärke als fest kochende Sorten.

Das lebensnotwendige Eiweiß muss dem Körper durch die Nahrung zugeführt werden, da es vom Stoffwechsel nicht selbst produziert werden kann.

Kartoffeln enthalten ca. 2 % hochwertiges Eiweiß. Das Kartoffeleiweiß vereinigt gesättigte und ungesättigte Aminosäuren, die der Körper sehr gut verarbeiten kann.

Kartoffeln richtig zubereiten

Damit die wertvollen Inhaltsstoffe erhalten bleiben, müssen Kartoffeln schonend zubereitet werden. Werden sie mit der Schale gekocht, bürstet man sie unter fließendem Wasser gründlich ab. Nun gibt man sie in einen Topf mit Wasser und lässt sie je nach Größe zugedeckt garen.

Geschälte Kartoffeln sollten sofort gegart werden. Stehen sie längere Zeit an der Luft, so werden sie braun, lässt man sie in Wasser liegen, so werden die Inhaltsstoffe ausgeschwemmt. Man setzt die Kartoffeln in kaltem Wasser an und bringt es möglichst schnell zum Kochen. Zur Geschmacksverbesserung kann dem Kochwasser etwas Salz und je nach Geschmack Kümmel, Majoran oder Thymian hinzugefügt werden.

Das Kochwasser sollte nicht weggeschüttet werden, da darin viele Nährstoffe enthalten sind. Man kann es zum Aufgießen einer Sauce oder zum Auffüllen von Suppen oder Eintöpfen verwenden.

Die Garzeit richtet sich stets nach der Größe der Kartoffeln. Durchschnittlich benötigen mittelgroße Knollen ca. 20–25 Minuten. Halbierte oder geviertelte Salzkartoffeln sind in 15–20 Minuten gar. Zum Überprüfen sticht man mit einer Gabel oder einem Messer in die Kartoffeln.

Einleitung

Kartoffeln aus dem Topf

Kartoffelcremesuppe mit Räucherlachs

Zutaten

600 g Kartoffeln
1 Zwiebel
1 EL Butter
500 ml Gemüsebrühe
Salz, Pfeffer aus der Mühle
1 Prise Muskat
1 Prise Cayennepfeffer
200 ml Sahne

Außerdem:
100 g Räucherlachs
1 Stück Lauch
(ca. 15 cm lang)
2 EL Erdnussöl
Kräuterzweige zum Garnieren

Für 4 Personen
Zubereitungszeit: 25 Min./Kochzeit: 20–25 Min.

Zubereitung

1 Die Kartoffeln waschen, schälen, je nach Größe halbieren oder vierteln.

2 Die Zwiebel schälen, in feine Würfel schneiden, die Butter in einem Topf erhitzen, die Zwiebeln darin glasig schwitzen.

3 Die Kartoffeln dazugeben und kurz mitschwitzen. Die Gemüsebrühe angießen, zum Kochen bringen. Mit Salz, Pfeffer, Muskat und Cayennepfeffer kräftig würzen und bei mäßiger Hitze ca. 20 Minuten köcheln lassen.

4 Einige Kartoffelstücke aus der Suppe nehmen und warm stellen, die restliche Suppe pürieren.

5 Die Suppe mit der Sahne und den Kartoffelstücken erhitzen und nachwürzen.

6 Den Räucherlachs zerpflücken, den Lauch putzen, waschen, trockentupfen, in feine Streifen schneiden.

7 Das Erdnussöl in einer Pfanne erhitzen und die Lauchstreifen darin rösten. Mit Salz und Pfeffer würzen.

8 Die Kartoffelcremesuppe anrichten, mit den Räucherlachsstücken und den Lauchstreifen belegen, mit Kräuterzweigen garnieren und servieren.

Hagenrieder Wienerletopf

Für 4 Personen
Zubereitungszeit: 25 Min./Kochzeit: 30–35 Min.

Zutaten

400 g Schweinefleisch
2–3 EL Butterschmalz
1 Glas dunkles Bockbier
2 Zwiebeln
500 g Kartoffeln
500 g Karotten
1 Lorbeerblatt
1 Zweig Thymian
Salz
Pfeffer aus der Mühle
1 Prise Zucker
1 Prise Pimentpulver
1 Prise Cayennepfeffer
1 l Gemüsebrühe
Speisestärke zum Binden
4 Paar Wiener Würstchen
50 g Schnittlauchröllchen

Zubereitung

1 Das Schweinefleisch waschen, trockentupfen und in feine Würfel schneiden.

2 Das Butterschmalz in einem Topf erhitzen und das Fleisch darin anbraten, mit dem Bockbier ablöschen, die in feine Würfel geschnittenen Zwiebeln dazugeben und garen.

3 Die Kartoffeln schälen, in feine Würfel schneiden und waschen. Die Karotten schälen und ebenfalls fein würfeln. Beides zum Fleisch geben und kurz andünsten.

4 Das Lorbeerblatt und den Thymianzweig dazugeben, mit Salz, Pfeffer, Zucker, Pimentpulver und Cayennepfeffer kräftig würzen.

5 Die Gemüsebrühe angießen, 30 Minuten köcheln lassen und nach Geschmack mit etwas angerührter Speisestärke binden.

6 Die Wiener Würstchen in Scheiben schneiden, dazugeben und erhitzen.

7 Nach Ende der Garzeit den Wienerletopf nochmals kräftig abschmecken, anrichten, mit Schnittlauchröllchen bestreuen und servieren.

Bouillonkartoffeln mit Kasseler

Zutaten

800 g Kartoffeln
1 Sellerieknolle (ca. 300 g)
4 Karotten
1 Stange Lauch (ca. 200 g)
2 Zwiebeln
1 l Gemüsebrühe
2 Lorbeerblätter
einige Nelken
Salz, Pfeffer aus der Mühle
1 Prise Muskat
1 Prise Cayennepfeffer
400 g gekochtes Kasseler
1 Bund Petersilie

Für 4 Personen
Zubereitungszeit: 10–15 Min./Kochzeit: 20–25 Min.

Zubereitung

1 Die Kartoffeln waschen, schälen und in mundgerechte Würfel schneiden.

2 Das Gemüse putzen, waschen und ebenfalls in mundgerechte Stücke schneiden. Die Zwiebeln schälen und fein würfeln.

3 Die Gemüsebrühe mit den Lorbeerblättern und den Nelken in einem Topf zum Kochen bringen, mit Salz, Pfeffer, Muskat und Cayennepfeffer kräftig abschmecken. Das Gemüse dazugeben und bissfest garen.

4 Das Kasseler in Würfel schneiden, zu den Bouillonkartoffeln geben und erhitzen.

5 Die Bouillonkartoffeln mit Kasseler dekorativ anrichten, mit der verlesenen, gewaschenen und fein gehackten Petersilie bestreuen und servieren.

Kartoffeltopf mit Rindfleisch

Zutaten

600 g Rindfleisch aus der Schulter
1 l Gemüse- oder Fleischbrühe
1 gespickte Zwiebel (Lorbeer und Nelken)

Außerdem:
400 g Kartoffeln
2–3 Karotten
200 g weiße Rübchen
200 g Brokkoliröschen
1 Stück Bleichsellerie
1 Stange Lauch
1 Zwiebel
einige Wachholderbeeren
1 EL Majoran
Salz
weißer Pfeffer aus der Mühle
1 Prise Muskat
150 g rote Linsen
1 Bund Petersilie
Kräuterzweige zum Garnieren

Für 4 Personen
Zubereitungszeit: 25 Min./Kochzeit: 120–130 Min.

Zubereitung

1 Das küchenfertige Rindfleisch unter fließendem Wasser waschen und in Würfel schneiden. Die Brühe mit der gespickten Zwiebel erhitzen und das Fleisch darin bei mäßiger Hitze 80–90 Minuten garen.

2 Das Gemüse putzen, in mundgerechte Stücke schneiden und bereitstellen.

3 Die Zwiebel schälen und in Würfel schneiden. Die Kartoffeln mit den Karotten, den Rübchen und den Zwiebeln zum Fleisch geben, die Wacholderbeeren und den Majoran dazugeben, mit Salz, Pfeffer und Muskat abschmecken und weitere 20 Minuten köcheln lassen.

4 Zum Schluss den Lauch, den Bleichsellerie, den Brokkoli und die gewaschenen Linsen dazugeben und bei mäßiger Hitze 15–20 Minuten garen, nochmals kräftig abschmecken, dekorativ anrichten, mit der verlesenen, gewaschenen und fein gehackten Petersilie bestreuen, mit Kräuterzweigen ausgarnieren und sofort servieren.

Kartoffel-Rosenkohl-Topf

Für 4 Personen
Zubereitungszeit: 15–20 Min./Kochzeit: 20–25 Min.

Zutaten

250 g durchwachsener, gekochter Bauchspeck oder Schinken
2 EL Butter
1 Zwiebel
1 Bund Suppengemüse
800 g Kartoffeln
1 Stange Lauch
500 g Rosenkohl
2 l Gemüsebrühe
2–3 Lorbeerblätter
1 TL Wacholderbeeren
200 ml Sauerrahm
Salz, Pfeffer aus der Mühle
1 Prise Muskat
1 Prise Kümmelpulver
1 Bund Petersilie

Zubereitung

1 Den Speck in feine Streifen schneiden, die Butter in einem Topf erhitzen und die Speckstreifen darin anbraten.

2 Die Zwiebel schälen, fein würfeln, ins Fett geben und glasig schwitzen.

3 Das Suppengemüse putzen, waschen und würfeln, die Kartoffeln schälen, waschen und in mundgerechte Stücke schneiden, den Lauch putzen und in Streifen schneiden.

4 Den Rosenkohl putzen, waschen und halbieren, mit dem restlichen Gemüse zu den Speckzwiebeln geben und mitschwitzen.

5 Mit der Gemüsebrühe auffüllen, die Lorbeerblätter und die Wacholderbeeren dazugeben, zum Kochen bringen und das Ganze 20–25 Minuten köcheln lassen.

6 Den Gemüsetopf mit dem Sauerrahm verfeinern, mit Salz, Pfeffer, Muskat und Kümmel abschmecken, dekorativ anrichten, mit der verlesenen, gewaschenen und fein gehackten Petersilie bestreuen und sofort servieren.

Ungarisches Kartoffelgulasch

Zutaten

500 g Schweinebauch
2 Knoblauchzehen
1 TL Salz
1 EL geriebene Zitronenschale
1 TL Kümmel
1 EL Majoran
Salz, Pfeffer aus der Mühle
20 g Butterschmalz
2 Zwiebeln
800 g Kartoffeln
2 EL Tomatenmark
750 ml Gemüse- oder Fleischbrühe
4 Tomaten
200 g saure Sahne
1 Bund Petersilie
Kräuterzweige zum Garnieren

Für 4 Personen
Zubereitungszeit: 20–25 Min./Kochzeit: 60–70 Min.

Zubereitung

1 Den Schweinebauch unter fließendem Wasser waschen, trockentupfen und in Würfel schneiden.

2 Die Knoblauchzehen schälen, fein hacken und mit Salz zu einer Paste zerreiben.

3 Die geriebene Zitronenschale, den Kümmel und den Majoran zum Knoblauch geben und mit dem Messer hacken.

4 Das Fleisch mit der Gewürzpaste kräftig einreiben. Mit Salz und Pfeffer würzen.

5 Das Butterschmalz in einem Topf erhitzen und das Fleisch darin kurz anbraten.

6 Die Zwiebeln schälen, in Scheiben oder Würfel schneiden, zum Fleisch geben und kurz mitbraten.

7 Die Kartoffeln schälen, in Würfel schneiden, zum Fleisch geben und kurz mitbraten.

8 Das Tomatenmark einrühren, die Gemüse- oder Fleischbrühe angießen und das Ganze bei mäßiger Hitze zugedeckt 60–70 Minuten schmoren lassen.

9 Nach Ende der Garzeit die enthäuteten, entkernten und in Würfel geschnittenen Tomaten unter das Gulasch heben und erhitzen. Das Gulasch mit Salz und Pfeffer abrunden.

10 Das ungarische Kartoffelgulasch dekorativ anrichten, je 1 Klacks saure Sahne darüber verteilen, mit gehackter Petersilie bestreuen, mit Kräuterzweigen ausgarnieren und sofort servieren.

Kartoffelfleisch

Zutaten

1 kg Schweineschulter
Salz, Pfeffer aus der Mühle
1 EL Paprikapulver
1 EL Majoran
1 EL Thymian
1 EL Rosmarin
2 Knoblauchzehen
1 TL Salz
125 ml Olivenöl
2–3 EL Butterschmalz
2–3 Lorbeerblätter
250 ml Weißwein
250 ml Gemüse- oder Fleischbrühe
800 g Kartoffeln
4 Karotten
2 Zwiebeln
1 Bund Petersilie
Kräuterzweige zum Garnieren

Für 4 Personen
Zubereitungszeit: 25–30 Min./Kochzeit: 50–60 Min.

Zubereitung

1 Die Schweineschulter unter fließendem Wasser waschen, trockentupfen, mit Salz, Pfeffer, Paprikapulver, Majoran, Thymian und Rosmarin kräftig würzen.

2 Die Knoblauchzehen schälen und mit Salz zu einer Paste zerreiben, mit dem Öl vermischen und die Fleischwürfel damit bestreichen.

3 Das Butterschmalz in einem Schmortopf erhitzen und die Fleischwürfel rundherum Farbe annehmen lassen.

4 Die Lorbeerblätter dazugeben, mit Weißwein ablöschen, mit der Gemüse- oder Fleischbrühe auffüllen und 15–20 Minuten bei mäßiger Hitze zugedeckt schmoren lassen.

5 In der Zwischenzeit die Kartoffeln, die Karotten und die Zwiebeln schälen, die Kartoffeln halbieren oder vierteln, die Karotten in Stifte schneiden und die Zwiebeln fein würfeln.

6 Das Gemüse zum Fleisch geben und zugedeckt weiter 30–40 Minuten garen. Nach Ende der Garzeit das Kartoffelfleisch nochmals abschmecken, dekorativ anrichten, mit der verlesenen, gewaschenen und fein gehackten Petersilie bestreuen, mit Kräuterzweigen garnieren und sofort servieren.

Kartoffeltopf mit Rouladenröllchen

Für 4 Personen
Zubereitungszeit: 25–30 Min./Kochzeit: 80–90 Min.

Zubereitung

1 Die Rouladen waschen, trockentupfen und der Länge nach in 2–3 Streifen schneiden, mit Salz, Pfeffer und Paprikapulver würzen und mit süßem Senf bestreichen.

2 Anschließend die Streifen zu Röllchen zusammendrehen und mit Zahnstochern feststecken. Die Rouladen in einem Topf im erhitzten Butterschmalz rundherum kräftig anbraten.

3 Die Gemüsebrühe angießen und das Ganze bei mäßiger Hitze 50 Minuten köcheln lassen.

4 Die Zwiebeln fein hacken, mit den in Würfel oder Scheiben geschnittenen Karotten zum Fleisch geben.

5 Die Kartoffeln schälen, würfeln, zum Gemüse geben und mitbraten. Den Lauch in Scheiben schneiden und ebenfalls zum Gemüse geben.

6 Mit Salz, Pfeffer, Cayennepfeffer und Zucker kräftig abschmecken und weitere 30–40 Minuten köcheln lassen.

7 Den Kartoffeltopf mit der Sahnedickmilch verfeinern, nochmals abschmecken, dekorativ anrichten, mit der verlesenen, gewaschenen und fein gehackten Petersilie bestreuen, mit Kräuterzweigen garnieren und servieren.

Zutaten

2 Rinderrouladen (200 g)
Salz
Pfeffer aus der Mühle
1 Prise Paprikapulver
4 EL süßer Senf
Zahnstocher
2–3 EL Butterschmalz
1 l Gemüsebrühe
2 Zwiebeln
4 Karotten
800 g Kartoffeln
1 Stange Lauch
1 Prise Cayennepfeffer
1 Prise Zucker
200 g Sahnedickmilch
1 Bund Petersilie
Kräuterzweige zum Garnieren

Mexikanischer Kartoffeleintopf

Zutaten

100 g durchwachsener, geräucherter Speck
500 g gemischtes Hackfleisch
1–2 EL Olivenöl
4 Knoblauchzehen
2 Zwiebeln
500 g Kartoffeln
1 TL Majoran
1 TL Thymian
3–4 EL Tomatenmark
3/4 l Gemüsebrühe
1 Dose geschälte Tomaten
1 Dose Kidneybohnen
Salz
Pfeffer aus der Mühle
1 Prise Cayennepfeffer
1 Bund Schnittlauch

Für 4 Personen
Zubereitungszeit: 15–20 Min./Kochzeit: 30–35 Min.

Zubereitung

1 Den durchwachsenen, geräucherten Speck in feine Würfel schneiden und in einem Topf auslassen.

2 Das Hackfleisch zum Speck geben, das Öl angießen und das Ganze unter ständigem Rühren braten.

3 Die Knoblauchzehen schälen, fein hacken, mit Salz zerreiben, mit den geschälten, fein gehackten Zwiebeln zum Fleisch geben und ebenfalls mitbraten.

4 Die Kartoffeln waschen, in feine Würfel schneiden, zum Fleisch geben und kurz mitschwitzen.

5 Den Majoran, den Thymian und das Tomatenmark einrühren und mit der Gemüsebrühe auffüllen.

6 Den Eintopf bei mäßiger Hitze 20–25 Minuten köcheln lassen. Anschließend die geschälten Tomaten mit einer Gabel zerdrücken und mit den gut abgetropften Kidneybohnen unter den Eintopf heben.

7 Den Eintopf nochmals 6–8 Minuten köcheln lassen. Mit Salz, Pfeffer und Cayennepfeffer kräftig würzen, dekorativ anrichten und mit frisch geschnittenem Schnittlauch bestreut servieren.

Kartoffel-Chop-Suey

Zutaten

4 Hähnchenbrustfilets
1 EL Fünf-Gewürz-Pulver
Salz, Pfeffer aus der Mühle
3–4 EL Sesamöl
2 Zwiebeln
2 Karotten
1 Stück Lauch
100 g Sojabohnenkeimlinge
100 g Zuckererbsen
200 g frische Shiitake-Pilze
1 Schuss Weißwein
500 ml Gemüsebrühe
1 TL gemahlener Ingwer
4 EL Sojasauce
600 g gekochte, geschälte Kartoffeln
1 kleines Glas Bambussprossen
Maisstärke zum Binden
einige Tropfen Tabasco

Für 4 Personen
Zubereitungszeit: 25 Min./Kochzeit: 25–30 Min.

Zubereitung

1 Die küchenfertigen Hähnchenbrustfilets unter fließendem Wasser waschen, trockentupfen, in Scheibchen schneiden und mit Fünf-Gewürz-Pulver, Salz und Pfeffer kräftig würzen. Das Öl in einem Topf erhitzen und das Fleisch unter ständigem Rühren braten.

2 Die Zwiebeln und die Karotten schälen und in dünne Scheiben schneiden. Den Lauch putzen, waschen und in Stücke schneiden. Zwiebeln, Karotten und Lauch zum Fleisch geben und kurz mitbraten.

3 Die Sojabohnenkeimlinge, die Zuckererbsen und die Shiitake-Pilze putzen und nach Bedarf klein schneiden, zum Fleisch geben und ebenfalls mitbraten.

4 Das Ganze mit Weißwein und der Brühe auffüllen, mit Ingwerpulver, Sojasauce, Salz und Pfeffer abschmecken und bei mäßiger Hitze 10–15 Minuten garen.

5 Die Kartoffeln je nach Größe halbieren oder vierteln, mit den klein geschnittenen Bambussprossen unter das Chop-Suey heben, nochmals 5 Minuten köcheln lassen und anschließend mit etwas angerührter Maisstärke leicht binden. Das Chop-Suey mit Tabasco schärfen, dekorativ anrichten und servieren.

Kartoffelcurry mit jungen Bohnen

Für 4 Personen
Zubereitungszeit: 25–30 Min./Kochzeit: 30–35 Min.

Zutaten

600 g Kartoffeln
Salzwasser
500 g junge Brechbohnen
1 Zwiebel
2 Knoblauchzehen
2–3 EL Butter
1 Stück Ingwer
100 g gekochter Schinken
125 ml Weißwein
400 ml Gemüse- oder Geflügelbrühe
1 TL Kreuzkümmel
1 EL Curry
1 TL Kurkuma
250 g Tomaten
125 g Crème fraîche
Speisestärke zum Binden
Salz, Pfeffer aus der Mühle
1 Prise Cayennepfeffer
Kräuterzweige zum Garnieren

Zubereitung

1 Die Kartoffeln unter fließendem Wasser abbürsten, schälen und in mundgerechte Würfel schneiden.

2 Salzwasser in einem Topf zum Kochen bringen und die Kartoffeln darin bissfest garen, herausnehmen und gut abtropfen lassen.

3 Die Brechbohnen verlesen, waschen, gut abtropfen lassen, in mundgerechte Stücke schneiden. Im Salzwasser bissfest garen, herausnehmen und gut abtropfen lassen.

4 Die Zwiebel und die Knoblauchzehen schälen, fein würfeln, die Butter in einem Topf erhitzen und die Zwiebel und den Knoblauch darin andünsten.

5 Den Ingwer schälen, fein reiben, mit dem in feine Würfel geschnittenen Schinken zu den Knoblauchzwiebeln geben und kurz mitschwitzen.

6 Die Kartoffeln und die Brechbohnen dazugeben, durchschwenken, mit dem Weißwein und der Gemüse- oder Geflügelbrühe auffüllen und einmal aufkochen lassen. Den Kreuzkümmel mit dem Curry und dem Kurkuma untermischen.

7 Die Tomaten enthäuten, entkernen, in Würfel schneiden, mit der Crème fraîche unter das Curry rühren und einmal aufkochen lassen.

8 Das Kartoffelcurry mit etwas angerührter Speisestärke leicht binden, mit Salz, Pfeffer und Cayennepfeffer würzen, dekorativ anrichten, mit Kräuterzweigen ausgarnieren und sofort servieren.

Kleine Kartoffelgerichte

Ofenkartoffeln mit Hähnchengeschnetzeltem

Zutaten

1,5 kg Kartoffeln, Salzwasser
Alufolie oder Pergamentpapier
Butter zum Ausfetten
Salz, Pfeffer aus der Mühle
1 EL Kümmel
flüssige Butter zum Beträufeln

Außerdem:
600 g Hähnchenbrustfilet
1 EL Paprikapulver
2 Zwiebeln
2 Knoblauchzehen
2 Karotten
1/2 Bund Frühlingszwiebeln
2 EL Olivenöl
100 ml Weißwein
300 ml Gemüse- oder Geflügelbrühe
einige Tropfen Zitronensaft
einige Tropfen Worcestersauce
1 Prise Zucker
Kräuterzweige zum Garnieren

Für 4 Personen
Zubereitungszeit: 25–30 Min./Kochzeit: 35–40 Min.

Zubereitung

1 Die Kartoffeln unter fließendem Wasser abbürsten und in kochendem Salzwasser 15 Minuten garen.

2 Die Kartoffeln abgießen, entsprechend große Stücke Alufolie oder Pergamentpapier mit Butter ausfetten, die Kartoffeln einzeln darauf legen, mit Salz, Pfeffer und Kümmel bestreuen, mit Butter beträufeln und in die Folie einwickeln. Die Kartoffeln in den auf 180–200 °C vorgeheizten Backofen schieben und 15–20 Minuten garen.

3 Die küchenfertigen Hähnchenbrustfilets unter fließendem Wasser waschen, trockentupfen, in Scheiben schneiden, mit Salz, Pfeffer und Paprikapulver würzen. Die Zwiebeln, die Knoblauchzehen und die Karotten schälen und in feine Würfel oder dünne Scheiben schneiden. Die Frühlingszwiebeln putzen, waschen und in mundgerechte Stücke schneiden.

4 Das Olivenöl in einer Pfanne erhitzen und das Fleisch darin unter ständigem Rühren braten, herausnehmen und bereitstellen. Das Gemüse ins verbliebene Bratfett geben, glasig schwitzen und unter ständigem Rühren 2–3 Minuten braten.

5 Den Wein und die Gemüse- oder Geflügelbrühe angießen, aufkochen lassen und 8–10 Minuten köcheln lassen. Das Hähnchenfleisch dazugeben, zum Kochen bringen, mit Zitronensaft, Worcestersauce, Zucker, Salz und Pfeffer kräftig abschmecken.

6 Die Kartoffeln aus dem Ofen nehmen, die Folie aufreißen, die Kartoffeln dekorativ anrichten, mit dem Geschnetzelten überziehen, mit den Kräutern garnieren und sofort servieren.

Kartoffelschiffchen

Für 4 Personen
Zubereitungszeit: 90–100 Min./Backzeit: 30–35 Min.

Zutaten

Für den Teig:
400 g Mehl
1 Päckchen Trockenhefe
50 ml Olivenöl
1 TL Salz
ca. 250 ml lauwarmes Wasser

Für den Belag:
200 g Schmand
Salz, Pfeffer aus der Mühle
700 g gekochte Kartoffeln
2 Zwiebeln
250 g Paprikasalami
200 g geriebener Bergkäse
Petersilie zum Garnieren

Zubereitung

1 Das Mehl mit der Trockenhefe, dem Olivenöl, dem Salz und dem lauwarmen Wasser zu einem glatten, kompakten Teig verarbeiten. Den Teig zugedeckt an einem warmen Ort zur doppelten Menge aufgehen lassen.

2 Den Teig auf einer Arbeitsfläche mit bemehlten Händen kurz durchkneten und in 4 Portionen teilen. Diese zu Schiffchen formen und auf ein mit Backpapier ausgelegtes Backblech setzen.

3 Den Schmand mit Salz und Pfeffer würzen und die Schiffchen damit bestreichen.

4 Die Kartoffeln in Scheiben schneiden, die Zwiebeln schälen und in Streifen schneiden. Die Paprikasalami in Scheiben schneiden.

5 Die Kartoffeln, die Zwiebeln und die Salami gleichmäßig auf den Schiffchen verteilen und im auf 200 °C vorgeheizten Backofen auf der unterster Schiene etwa 30–35 Minuten backen.

6 10 Minuten vor Garende den geriebenen Bergkäse auf die Schiffchen streuen und fertig garen.

7 Nach Ende der Garzeit die Kartoffelschiffchen herausnehmen, anrichten, mit Petersilie garnieren und mit einem großen, gemischten Salat mit Sahnedressing sofort servieren.

Schinkenkartoffeln mit Zwiebelrahm

Zutaten

1 kg Kartoffeln
Salzwasser
200 g gekochter Schinken
75 ml Sonnenblumenöl
Butter zum Braten
4 Zwiebeln
100 ml Weißwein
400 ml gebundene helle Sauce
einige Tropfen Zitronensaft
einige Tropfen Worcestersauce
Salz, Pfeffer aus der Mühle
1 Becher Crème fraîche
frisch geschroteter schwarzer Pfeffer
Kirschtomatenscheiben und Kräuterzweige zum Garnieren

Für 4 Personen
Zubereitungszeit: 25 Min./Kochzeit: 40–45 Min.

Zubereitung

1 Die Kartoffeln im Salzwasser 15–20 Minuten garen. Die Schinkenscheiben halbieren und zusammenrollen.

2 Die Kartoffeln abgießen, pellen, 1/2–1 cm keilförmig einschneiden und die Schinkenröllchen in die Öffnungen stecken.

3 Die Kartoffeln mit dem Sonnenblumenöl bestreichen, auf ein Backblech setzen und im auf 200–220 °C vorgeheizten Backofen 8–10 Minuten backen.

4 In der Zwischenzeit die Butter in einem Topf erhitzen und die geschälten und in feine Ringe geschnittenen Zwiebeln darin glasig schwitzen.

5 Mit Weißwein ablöschen, mit der gebundenen hellen Sauce auffüllen, 8–10 Minuten bei mäßiger Hitze köcheln lassen, mit Zitronensaft, Worcestersauce, Salz, und Pfeffer kräftig abschmecken und mit der Crème fraîche verfeinern.

6 Die Schinkenkartoffeln mit Zwiebelrahm dekorativ anrichten, mit frisch geschrotetem Pfeffer bestreuen, mit Kirschtomatenscheiben und Kräuterzweigen garnieren und sofort servieren.

Überbackene Gemüserösti

Zutaten

1 kg Kartoffeln
Salz und Pfeffer aus der Mühle
1 Prise Muskat
Öl zum Braten

Für das Gemüse:
150 g grüne Bohnen
150 g Brokkoli
Salzwasser
1 rote Zwiebel
1 EL Olivenöl
200 g Kirschtomaten
1 TL getrocknete italienische Kräuter
200 g geriebener Gouda

Für 4 Personen
Zubereitungszeit: 25–30 Min./Kochzeit: 20–25 Min.

Zubereitung

1 Die Kartoffeln schälen, grob raspeln und gut ausdrücken. Mit Salz, Pfeffer und Muskat würzen und 8 große Rösti im heißen Öl ausbacken.

2 Die Bohnen putzen und den Brokkoli in Röschen teilen. Das Gemüse sortenweise im kochendem Salzwasser bissfest garen.

3 Die Zwiebel schälen und in Streifen schneiden. Das Olivenöl in einer Pfanne erhitzen und die Zwiebeln darin glasig schwitzen.

4 Die Kirschtomaten waschen, halbieren, zu den Zwiebeln geben und kurz mitschwitzen.

5 Die Bohnen und den Brokkoli dazu geben, das Gemüse vom Herd nehmen, mit Salz, Pfeffer, Muskat und den italienischen Kräutern kräftig würzen.

6 Die Rösti auf ein mit Backpapier ausgelegtes Backblech setzen.

7 Den Käse mit dem Gemüse mischen, die Gemüse-Käse-Mischung auf den Röstis verteilen und im auf 180 °C vorgeheizten Backofen 10–15 Minuten überbacken.

Kartoffelplätzchen mit Krabben

Für 4 Personen
Zubereitungszeit: 20–25 Min./Kochzeit: 30–35 Min.

Zubereitung

1 Die Kartoffeln unter fließendem Wasser abbürsten. Mit Salzwasser in einen Topf geben und 20 Minuten garen. Die Kartoffeln abgießen, leicht erkalten lassen, pellen und durch die Kartoffelpresse treiben.

2 Den Schnittlauch fein schneiden, mit den Eiern zum Kartoffelpüree geben und vermischen. Mit Salz, Pfeffer und Muskat abschmecken.

3 Das Püree mit Haferflocken binden, portionsweise Kartoffelplätzchen abdrehen und in Mehl wenden.

4 Das Butterschmalz in einer beschichteten Pfanne erhitzen und die Kartoffelplätzchen darin goldbraun braten.

5 Die Krabben abgießen. Die Chilischote entkernen und fein hacken. Den Dill verlesen, waschen und fein schneiden. Die Krabben mit dem Dill und dem Chili vermischen und mit dem Zitronensaft, dem Knoblauch und dem Olivenöl marinieren.

6 Die Krabben mit Salz und Pfeffer abschmecken und auf den Kartoffelplätzchen verteilen. Die Kartoffelplätzchen anrichten, auf jedes Plätzchen einen Klecks Sauerrahm geben. Mit Dill und Kirschtomaten ausgarnieren und mit einem Salat servieren.

Zutaten

800 g mehlig kochende Kartoffeln
Salzwasser
1 Bund Schnittlauch
1–2 Eier
Salz und Pfeffer aus der Mühle
1 Prise Muskat
Haferflocken zum Binden
Mehl zum Wenden
Butterschmalz zum Braten

Für die Krabben:
200 g in Salzlake eingelegte Krabben
1 rote Chilischote
1 Bund Dill
Saft von 1/2 Zitrone
1 gepresste Knoblauchzehe
2 EL Olivenöl
200 g Sauerrahm
Dill und Kirschtomaten zum Garnieren

Mini-Kartoffel-Soufflés

Zutaten

600 g mehlig kochende Kartoffeln
Salzwasser zum Garen
100 g gekochter Schinken
4 Eigelb
75 ml Sahne
Salz, Pfeffer aus der Mühle
1 Prise Muskat
1 Prise Cayennepfeffer
4 Eiweiß
Butter zum Ausfetten
Semmelbrösel zum Bestreuen
100 g geriebener Butterkäse
Kräuterzweige zum Garnieren

Für 4 Personen
Zubereitungszeit: 25–30 Min./Backzeit: 20–25 Min.

Zubereitung

1 Die Kartoffeln unter fließendem Wasser abbürsten und im Salzwasser 20 Minuten garen. Die Kartoffeln abgießen, abkühlen lassen, pellen und durch die Kartoffelpresse treiben.

2 Den Schinken in feine Würfel schneiden, mit den Eigelben und der Sahne unter das Kartoffelpüree ziehen. Mit Salz, Pfeffer, Muskat und Cayennepfeffer kräftig abschmecken.

3 Die Eiweiße steif schlagen und unterheben.

4 Kleine Souffléförmchen ausfetten, mit Semmelbröseln bestreuen, die Masse einfüllen, mit dem geriebenen Butterkäse bestreuen und im auf 180–200 °C vorgeheizten Backofen 20–25 Minuten backen.

5 Nach Ende der Backzeit die Mini-Kartoffel-Soufflés aus dem Ofen nehmen, mit Kräuterzweigen ausgarnieren und sofort servieren.

Überbackene Quarkkartoffeln

Zutaten

600 g gekochte kleine Kartoffeln
Butter zum Ausfetten
300 g Magerquark
Saft von 1 Zitrone
1 EL gemahlener Kümmel
Salz, Pfeffer aus der Mühle
1 Prise Cayennepfeffer
1 Prise Zucker
1 Bund Kerbel
75 g roher Schinken
200 g Romadur oder Camembert
100 g Salatblätter
4 Tomaten
1 gelbe Paprikaschote
einige Tropfen Apfelessig
einige Tropfen Olivenöl
Kräuterzweige und Paprikaringe zum Garnieren

Für 4 Personen
Zubereitungszeit: 20–25 Min./Kochzeit: 30–35 Min.

Zubereitung

1 Die Kartoffeln halbieren und auf ein ausgefettetes Backblech setzen.

2 Den Magerquark in eine Schüssel geben, mit Zitronensaft glatt rühren, mit Kümmel, Salz, Pfeffer, Cayennepfeffer und Zucker kräftig würzen.

3 Den verlesenen, gewaschenen, fein gehackten Kerbel unter den Quark rühren.

4 Je einen Klacks Quark auf die Kartoffeln geben, mit einem Stück Schinken und einer Scheibe Käse belegen und im auf 180–200 °C vorgeheizten Backofen 10 Minuten überbacken.

5 Die Salatblätter verlesen, waschen, gut abtropfen lassen und auf Tellern dekorativ anrichten.

6 Die Tomaten enthäuten, entkernen, in Würfel schneiden, mit der geputzten, halbierten, entkernten und in Würfel geschnittenen Paprikaschote vermischen.

7 Das Gemüse auf den Salatblättern verteilen, mit Apfelessig und Olivenöl beträufeln und mit Salz und Pfeffer würzen.

8 Die gebackenen Kartoffelhälften einsetzen, mit Kräuterzweigen und Paprikaringen ausgarnieren und sofort servieren.

Pikanter Kartoffelstrudel

Für 4 Personen
Zubereitungszeit: 25–30 Min./Kochzeit: 30–35 Min.

Zubereitung

1 Den Strudelteig nach Packungsanweisung vorbereiten oder auftauen lassen und auf einer Arbeitsfläche ausrollen.

2 Die Kartoffeln schälen und in Würfel schneiden. Das Olivenöl in einer Pfanne erhitzen und die Kartoffeln darin kräftig anbraten.

3 Mit gemahlenem Kümmel und Majoran bestreuen. Die Chilischoten halbieren, entkernen, in Streifen schneiden, zu den Kartoffeln geben und kurz mitbraten.

4 Die Kartoffeln mit Salz, Pfeffer, Muskat und Cayennepfeffer kräftig würzen und vom Herd nehmen. Den Schinken und den Münsterkäse würfeln und untermischen.

5 Das Ei mit einer Prise Salz verquirlen. Die Kartoffelmasse gleichmäßig auf dem Strudelteig verteilen, den Rand mit Ei bestreichen und den Strudel zusammenrollen.

6 Den Strudel auf ein gefettetes Backblech setzen und mit dem restlichen Ei bestreichen. Mit Sonnenblumenkernen bestreuen und im auf 180 °C vorgeheizten Backofen 30–35 Minuten backen.

7 Den fertigen Strudel in Scheiben schneiden, dekorativ anrichten, mit Kräuterzweigen garnieren und mit einer Paprikarahmsauce servieren.

Zutaten

1 Packung Strudelteig (aus dem Kühlregal oder TK-Produkt)
800 g Kartoffeln
3–4 EL Olivenöl
1 TL gemahlener Kümmel
1 EL gerebelter Majoran
1–2 Chilischoten
Salz, Pfeffer aus der Mühle
1 Prise Muskat
1 Prise Cayennepfeffer
150 g gekochter Schinken
150 g Münsterkäse
1 Ei
Butter zum Ausfetten
1 EL Sonnenblumenkerne
Kräuterzweige zum Garnieren

Ofenkartoffeln mit Kräuterquark

Zutaten

1 kg neue Kartoffeln
Salzwasser
Alufolie
Butter zum Ausfetten
Salz, Pfeffer aus der Mühle

Für den Kräuterquark:
500 g Quark
100 ml Sahne
1 Zwiebel
50 g gemischte frische Kräuter (Estragon, Kerbel, Schnittlauch)
einige Tropfen Zitronensaft
einige Tropfen Worcestersauce
1 Prise Zucker
1 Prise Cayennepfeffer
Paprikawürfel und Kräuterzweige zum Garnieren

Für 4 Personen
Zubereitungszeit: 20 Min./Koch- und Backzeit: 30–35 Min.

Zubereitung

1 Die Kartoffeln unter fließendem Wasser abbürsten und im Salzwasser 12–15 Minuten kochen und abgießen.

2 Ein großes Stück Alufolie auf ein Backblech setzen, mit Butter ausfetten, die Kartoffeln einsetzen, mit Salz und Pfeffer bestreuen und im auf 180–200 °C vorgeheizten Backofen 20 Minuten garen.

3 Für den Kräuterquark den Quark mit der Sahne in einer Schüssel glatt rühren.

4 Die Zwiebel schälen, fein würfeln, mit den verlesenen, gewaschenen und fein gehackten Kräutern unter den Quark ziehen.

5 Den Quark mit Zitronensaft, Worcestersauce, Zucker, Cayennepfeffer, Salz und Pfeffer kräftig würzen.

6 Die Kartoffeln aus dem Ofen nehmen, über Kreuz einschneiden, von der Seite her leicht eindrücken, dekorativ anrichten und mit dem Kräuterquark überziehen. Mit Paprikawürfeln bestreuen, mit Kräuterzweigen ausgarnieren und sofort servieren.

Kartoffelpfanne mit Tomaten

Zutaten

800 g gekochte Kartoffeln
2 Zwiebeln
150 g durchwachsener, geräucherter Speck
2–3 EL Butterschmalz
Salz, Pfeffer aus der Mühle
1 EL Kräuter der Provence
1 Prise Kümmel
1 Prise Muskat
8 Tomaten
1 Bund Schnittlauch

Für 4 Personen
Zubereitungszeit: 10 Min./Kochzeit: 10–15 Min.

Zubereitung

1 Die Kartoffeln pellen, in Scheiben schneiden und bereitstellen. Die Zwiebeln schälen und fein würfeln. Den Speck ebenfalls fein würfeln.

2 Das Butterschmalz in einer Pfanne erhitzen, den Speck auslassen, die Zwiebeln dazugeben und kurz braten. Die Kartoffelscheiben dazugeben und bei mäßiger Hitze 10–15 Minuten braten.

3 Mit Salz, Pfeffer und Kräutern der Provence kräftig abschmecken, mit Kümmel und Muskat abrunden.

4 Die enthäuteten, entkernten und in Streifen geschnittenen Tomaten und den verlesenen, gewaschenen und fein geschnittenen Schnittlauch unterheben, erhitzen, nochmals abschmecken, dekorativ anrichten, garnieren und sofort servieren.

Hildesheimer Blechkartoffeln

Für 4 Personen
Zubereitungszeit: 10–15 Min./Kochzeit: 30–40 Min.

Zubereitung

1 Die Kartoffeln unter fließendem Wasser abbürsten, halbieren und mit den Schnittflächen nach oben auf ein Backblech setzen.

2 Die Kartoffeln mit dem Olivenöl bestreichen, mit Kümmel und Salz bestreuen und im auf 180–200 °C vorgeheizten Backofen 30–40 Minuten backen.

3 Den Sahnequark mit der sauren Sahne und dem Zitronensaft in einer Schüssel verrühren, mit Salz, Pfeffer, Zucker und Worcestersauce abschmecken und die verlesenen, gewaschenen und fein gehackten Kräuter untermischen.

4 Die Blechkartoffeln aus dem Backofen nehmen, dekorativ anrichten, mit je einem Stück Kräuterbutter belegen, mit Essiggurkenfächern garnieren, den Kräuterdip dazugeben, mit der Kresse bestreuen und mit einem Tomatensalat sofort servieren.

Zutaten

1 kg Kartoffeln
125 ml Olivenöl
2–3 EL Kümmel
2–3 EL grobes Salz
100 g Kräuterbutter (Fertigprodukt)

Für den Kräuterdip:
200 g Sahnequark
200 g saure Sahne
Saft von 1 Zitrone
Salz, Pfeffer aus der Mühle
1 Prise Zucker
einige Tropfen Worcestersauce
50 g gemischte gehackte Kräuter (Petersilie, Estragon, Kerbel)

Außerdem:
Essiggurkenfächer zum Garnieren
Kresse zum Bestreuen

Pellkartoffeln mit grüner Sauce

Zutaten

600 g mehlig kochende Kartoffeln
Salzwasser
200 g leichte Mayonnaise
200 g saure Sahne
2–3 EL Obstessig
einige Tropfen Zitronensaft
einige Tropfen Worcestersauce
Salz, Pfeffer aus der Mühle
1 Prise Cayennepfeffer
1 Prise Zucker
2 hart gekochte Eier
50 g gemischte, gehackte Kräuter (Dill, Estragon, Schnittlauch, Petersilie und Borretsch)
2–3 EL flüssige Butter
2 rote Paprikaschoten
Kräuterzweige zum Garnieren

Für 4 Personen
Zubereitungszeit: 20 Min./Kochzeit: 30–35 Min.

Zubereitung

1 Die Kartoffeln waschen, gut abtropfen lassen, in einen Topf geben, mit Salzwasser angießen und 15–20 Minuten kochen.

2 Die Mayonnaise mit der sauren Sahne verrühren. Mit Obstessig, Zitronensaft, Worcestersauce, Salz, Pfeffer, Cayennepfeffer und Zucker abschmecken.

3 Die Eier pellen, fein hacken und mit den verlesenen, gewaschenen und fein gehackten Kräutern unter die Sauce ziehen und bereitstellen.

4 Die Pellkartoffeln dekorativ anrichten, mit flüssiger Butter beträufeln, die Sauce in die halbierten, entkernten und gewaschenen Paprikaschoten füllen, diese zu den Kartoffeln geben, mit gehackten Kräutern und gehackten Eiern bestreuen, mit Kräuterzweigen garnieren und mit Staudenselleriestiften sofort servieren.

Lauch-Kartoffel-Küchlein

Zutaten

1 Packung Blätterteig (450 g, TK-Produkt)
Mehl für die Arbeitsfläche
500 g Kartoffeln
3–4 EL Olivenöl
Salz, Pfeffer aus der Mühle
1 EL gemahlener Kümmel
1 Stange Lauch
Butter zum Ausfetten
100 g Schmand
200 g geriebener Butterkäse
Paprikawürfel zum Bestreuen
Kräuterzweige zum Garnieren

Für 4 Personen
Zubereitungszeit: 20 Min./Kochzeit: 30–35 Min.

Zubereitung

1 Die Blätterteigscheiben auf einer bemehlten Arbeitsfläche auftauen lassen.

2 Die Kartoffeln unter fließendem Wasser abbürsten, schälen und in hauchdünne Scheiben schneiden.

3 Das Olivenöl in einer Pfanne erhitzen, die Kartoffelscheiben darin kross braten. Mit Salz, Pfeffer und Kümmel würzen, vom Herd nehmen und bereitstellen.

4 Den Lauch putzen, waschen, in feine Scheiben schneiden, ins verbliebene Bratfett geben und kurz braten, salzen, pfeffern, herausnehmen und bereitstellen.

5 Die Blätterteigscheiben halbieren, kleine Tartelettförmchen ausfetten, den Teig einlegen und einen Rand hochziehen.

6 Den Teig mit dem Schmand bestreichen. Die Kartoffelscheiben und den Lauch einfüllen, mit dem Käse bestreuen und im auf 200–220 °C vorgeheizten Backofen 25–30 Minuten backen.

7 Nach Ende der Backzeit die Lauch-Kartoffelküchlein aus dem Ofen nehmen, dekorativ anrichten, mit Paprikawürfeln bestreuen, mit Kräuterzweigen ausgarnieren und sofort servieren.

Kartoffelburger

Für 4 Personen
Zubereitungszeit: 20 Min./Kochzeit: 30–35 Min.

Zutaten

4 große Kartoffeln
Salzwasser
2 Lorbeerblätter
einige Nelken
einige Wacholderbeeren
2 EL Kümmel

Außerdem:
einige Salatblätter
1/2 Salatgurke
4 Tomaten
1 Bund Radieschen
150 g Joghurt
Saft von 1 Zitrone
1 Hand voll gemischte Kräuter (Petersilie, Dill, Schnittlauch, Basilikum)
Salz, Pfeffer aus der Mühle
1 Prise Zucker
Radieschenrosen und Kräuterzweige zum Garnieren

Zubereitung

1 Die Kartoffeln unter fließendem Wasser waschen und mit dem Salzwasser in einen Topf geben.

2 Die Gewürze hinzufügen und die Kartoffeln 25 Minuten garen.

3 In der Zwischenzeit die Salatblätter verlesen, waschen, gut abtropfen lassen und in mundgerechte Stücke zerpflücken.

4 Die Salatgurke putzen, waschen und in dünne Scheiben schneiden. Die Tomaten waschen, den Strunk entfernen und die Tomaten in Scheiben schneiden.

5 Die Radieschen putzen, waschen und in Scheiben schneiden. Die Kartoffeln abgießen, gut abtropfen lassen und halbieren. Die Salatzutaten auf den unteren Kartoffelhälften anrichten.

6 Den Joghurt mit dem Zitronensaft glatt rühren, die verlesenen, gewaschenen und fein geschnittenen Kräuter untermischen. Mit Salz, Pfeffer und Zucker kräftig abschmecken und das Gemüse damit überziehen.

7 Die oberen Kartoffelhälften darauf setzen, die Kartoffelburger anrichten, mit Radieschenrosen und Kräutern garnieren und servieren.

Mojorocho-Kartoffeln mit Paprikadip

Zutaten

1,5 kg fest kochende Kartoffeln, Salzwasser
4–5 EL Meersalz

Für den Paprikadip:
100 g durchwachsener, geräucherter Speck
1 Zwiebel
1 rote Paprikaschote
1 grüne Paprikaschote
1 gelbe Paprikaschote
2 Knoblauchzehen
1 TL Salz
250 g Doppelrahmfrischkäse
50 ml Sahne
Salz
Pfeffer aus der Mühle
1 Prise Cayennepfeffer
1 Prise Zucker
1 Prise Kümmelpulver
1 Bund Schnittlauch

Für 4 Personen
Zubereitungszeit: 15–20 Min./Kochzeit: 20–25 Min.

Zubereitung

1 Die Kartoffeln unter fließendem Wasser abbürsten und in einen Topf geben. Salzwasser angießen, bis die Kartoffeln nicht ganz bis zur Hälfte bedeckt sind.

2 Anschließend das Meersalz gleichmäßig darüber streuen und die Kartoffeln zugedeckt ca. 20 Minuten kochen.

3 Den Deckel abnehmen und die Kartoffeln noch einige Minuten bei schwacher Hitze ziehen lassen, bis das Wasser restlos verdampft ist.

4 Den Speck in feine Würfel schneiden, in eine Pfanne geben und auslassen. Die Zwiebel schälen, fein hacken, zum Speck geben und kurz mitbraten.

5 Die Paprikaschoten halbieren, entkernen, in feine Würfel schneiden, zum Speck geben und kurz mitschwitzen.

6 Die Knoblauchzehen schälen, fein hacken, mit Salz zu einer Paste zerreiben, unter das Gemüse mischen und kurz mitschwitzen. Vom Herd nehmen und erkalten lassen.

7 Den Doppelrahmfrischkäse in eine Schüssel geben und mit der Sahne glatt rühren. Das Pfannengemüse unterrühren und mit Salz, Pfeffer, Cayennepfeffer, Zucker und Kümmel kräftig abschmecken. Den verlesenen, gewaschenen und fein geschnittenen Schnittlauch unter den Dip mischen und zu den Kartoffeln servieren.

8 Die Kartoffeln sind nach der Garzeit mit einer Salzschicht überzogen und können so in der Schale serviert und verzehrt werden. Dazu reicht man den Dip.

Vegetarische Kartoffelgerichte

Bunter Kartoffelauflauf

Zutaten

1 kg gekochte Kartoffeln
4 Karotten
1 kleine Stange Lauch
Gemüsebrühe zum Blanchieren
2 Paprika
2 Zwiebeln
1 EL Olivenöl
Butter zum Ausfetten
250 ml Milch
100 g Schmelzkäse
4 Eier
Salz, Pfeffer aus der Mühle
1 Prise Muskat
150 g geriebener Mozzarella
Kräuterzweige zum Garnieren

Für 4 Personen
Zubereitungszeit: 15–20 Min./Kochzeit: 35–40 Min.

Zubereitung

1 Die Kartoffeln auskühlen lassen, pellen und in Scheiben schneiden.

2 Die Karotten schälen und in Scheiben schneiden. Den Lauch putzen, waschen und in Streifen schneiden. Das Gemüse in der kochenden Gemüsebrühe bissfest blanchieren, herausnehmen und gut abtropfen lassen.

3 Die Paprika entkernen und in Streifen schneiden. Die Zwiebeln schälen und ebenfalls in Streifen schneiden. Die Paprika und die Zwiebeln im erhitzten Olivenöl kurz anschwitzen.

4 Die Kartoffeln, die Karotten, den Lauch, die Paprika und die Zwiebeln in eine ausgefettete Auflaufform schichten.

5 Die Milch mit dem Schmelzkäse und den Eiern in eine Schüssel geben und glatt rühren. Mit Salz, Pfeffer und Muskat kräftig würzen und auf dem Auflauf verteilen.

6 Den Auflauf im auf 180–200°C vorgeheizten Backofen 15 Minuten backen, mit dem geriebenen Mozzarella bestreuen und nochmals 15–20 Minuten backen.

7 Den Auflauf herausnehmen, dekorativ anrichten, mit Kräuterzweigen ausgarnieren und servieren.

Gnocchi mit geschmolzenen Tomaten

Zutaten

1 kg mehlig kochende Kartoffeln
Salzwasser
1–2 EL Kümmel
2 Lorbeerblätter
25 g Butter oder Margarine
Salz, weißer Pfeffer aus der Mühle
1 Prise Muskat
1 Prise Cayennepfeffer
200 g Mehl
2 Eier
1,5 l Gemüsebrühe

Außerdem:
1 Zwiebel, 2 Knoblauchzehen
1 EL Olivenöl
1 kg Tomaten
1 Prise Cayennepfeffer
30 g Butter
50 g frisch gehobelter Parmesankäse
Salbei zum Garnieren

Für 4 Personen
Zubereitungszeit: 25–30 Min./Kochzeit: 35–40 Min.

Zubereitung

1 Die Kartoffeln unter fließendem Wasser waschen, gut abbürsten, mit dem Salzwasser, dem Kümmel und den Lorbeerblättern in einen Topf geben und 20 Minuten garen.

2 Die Kartoffeln abgießen, leicht abkühlen lassen, pellen und durch die Kartoffelpresse treiben. Die Butter unter das Püree rühren, mit Salz, Pfeffer, Muskat und Cayennepfeffer kräftig würzen.

3 Die Masse unter Rühren auf dem Herd etwas abtrocknen lassen und anschließend mit dem Mehl und den Eiern zu einem glatten Teig verarbeiten.

4 Die Brühe in einem Topf erhitzen. Mit zwei Teelöffeln vom Teig kleine Nocken abstechen und diese im Salzwasser 6–8 Minuten gar ziehen lassen. Die Gnocchi herausnehmen, gut abtropfen lassen und warm stellen.

5 Die Zwiebel und die Knoblauchzehen schälen und fein würfeln. Das Olivenöl in einer Pfanne erhitzen, Zwiebeln und Knoblauch darin glasig schwitzen.

6 Die Tomaten kurz in heißes Wasser tauchen, kalt abschrecken und enthäuten. Den Strunk herausschneiden, das Fruchtfleisch würfeln, zu den Knoblauchzwiebeln geben und mitschwitzen. Mit Salz, Pfeffer und Cayennepfeffer kräftig würzen.

7 Die Butter in einer zweiten Pfanne erhitzen, die Gnocchi dazugeben und durchschwenken. Die geschmolzenen Tomaten untermischen, mit Salz und Pfeffer abrunden. Die Gnocchi anrichten, mit frisch gehobeltem Parmesan bestreuen, mit Salbei garnieren und servieren.

Kartoffelpizza mit Paprika-Zwiebel-Gemüse

Für 4 Personen
Zubereitungszeit: 45–50 Min./Backzeit: 45–50 Min.

Zubereitung

1 Die Kartoffeln unter fließendem Wasser abbürsten, schälen und in grobe Stücke schneiden. Mit Salzwasser in einen Topf geben, zum Kochen bringen und 12–15 Minuten garen. Die Kartoffeln abgießen, ausdampfen lassen und durch die Kartoffelpresse treiben.

2 Das Kartoffelpüree in eine Schüssel geben. Das gesiebte Mehl, das lauwarme Wasser, die zerbröckelte Frischhefe, den Zucker und das Salz dazugeben und die Zutaten zu einem glatten, kompakten Teig verarbeiten. Den Teig zugedeckt an einem warmen Ort etwa 30 Minuten gehen lassen.

3 Den Teig auf einer bemehlten Arbeitsfläche nochmals kneten, in vier Portionen teilen, in der Größe von vier Pizzaformen ausrollen und den Teig in die ausgefetteten Formen legen.

4 Das Tomatenmark mit dem Weißwein und den geschälten, fein gehackten Knoblauchzehen verrühren und den Teig damit bestreichen. Weitere 10–15 Minuten gehen lassen. Anschließend die Kartoffelpizzen im auf 180–200 °C vorgeheizten Backofen 30 Minuten backen. In der Zwischenzeit die Paprikaschoten halbieren, entkernen, waschen und in Streifen schneiden. Die Zwiebeln schälen und in Scheiben schneiden.

5 Das Olivenöl in einer Pfanne erhitzen, Zwiebeln und Paprika darin glasig schwitzen. Mit Salz, Pfeffer und Cayennepfeffer kräftig abschmecken. Das Paprika-Zwiebel-Gemüse gleichmäßig auf den Pizzen verteilen und weitere 15–20 Minuten backen.

6 Nach Ende der Garzeit die Pizzen aus dem Ofen nehmen, anrichten, mit den verlesenen, gewaschenen und grob geschnittenen Kräutern bestreuen und servieren.

Zutaten

Für den Teig:
250 g Kartoffeln, Salzwasser
200 g Mehl
120 ml lauwarmes Wasser
1/2 Würfel Frischhefe
1 TL Zucker
1 Prise Salz
Mehl für die Arbeitsfläche
Butter zum Ausfetten

Für den Belag:
100 g Tomatenmark mit Basilikum (Fertigprodukt)
50 ml Weißwein
2 Knoblauchzehen
je 1 rote, gelbe und grüne Paprikaschote
2 Zwiebeln
3–4 EL Olivenöl
Salz, Pfeffer aus der Mühle
1 Prise Cayennepfeffer
je 1/2 Bund glatte Petersilie und Basilikum

Kartoffelkrapferl mit Rettichgemüse

Zutaten

Für den Brandteig:
250 ml Milch
125 g Butter oder Margarine
1 Msp. Salz
150 g Weizenmehl
4 Eier
250 gekochte, durch die Kartoffelpresse getriebene Kartoffeln oder gleiche Menge fertiges Kartoffelpüree
Fett zum Frittieren

Außerdem:
1 Zwiebel
1 Chilischote
1 EL Olivenöl
1 weißer Rettich
1 Bund Radieschen
300 ml Gemüsebrühe
Salz, Pfeffer aus der Mühle
1 TL Zucker
1 Bund Petersilie

Für 4 Personen
Zubereitungszeit: 25–30 Min./Kochzeit: 10–15 Min.

Zubereitung

1 Die Milch mit der Butter oder Margarine und dem Salz zum Kochen bringen.

2 Das Mehl auf einmal dazugeben und mit dem Kochlöffel so lange rühren, bis sich der Teig als Kloß vom Topfboden löst und sich eine weiße Haut bildet.

3 Den Teig in eine Schüssel geben und die Eier einzeln kräftig darunter schlagen, bis der Teig glänzt. Das Kartoffelpüree dazugeben und unter den Brandteig arbeiten.

4 Das Fett in einer Fritteuse oder einem geeigneten Topf auf 180 °C erhitzen, mit 2 Teelöffeln kleine Krapfen aus dem Teig abstechen und jeweils 3–5 Krapfen ins heiße Fett hineingleiten lassen und die Krapfen goldgelb ausbacken, herausnehmen und warmstellen.

5 Die Zwiebel schälen, in Scheiben oder Würfel schneiden, die Chilischote halbieren, entkernen und klein schneiden. Das Olivenöl in einem Topf erhitzen, Zwiebeln und Chili ins Fett geben und anschwitzen.

6 Den Rettich und die Radieschen putzen, waschen, den Rettich in Stifte schneiden, die Radieschen halbieren, beides ins Fett geben und kurz mitschwitzen.

7 Die Gemüsebrühe angießen und das Gemüse bissfest dünsten, mit Salz, Pfeffer und Zucker würzen und die verlesene, gewaschene und fein gehackte Petersilie untermischen.

8 Die Kartoffelkrapferl mit dem Gemüse dekorativ anrichten, garnieren und sofort servieren.

Gemüseragout mit Käsekartoffeln

Zutaten

800 g gekochte Kartoffeln
Butter zum Ausfetten
Salz, Pfeffer aus der Mühle
1 Prise Cayennepfeffer
1 Prise Kümmelpulver
1 Prise Muskat
2 Eier
400 ml Sahne
200 g geriebener Butterkäse

Für das Gemüseragout:
2–3 EL Butter
2 Zwiebeln
800 g Mischgemüse (Karotten, Blumenkohl, Brokkoli, Paprika, Champignons)
250 ml Gemüsebrühe
250 g Crème fraîche

Für 4 Personen
Zubereitungszeit: 15–20 Min./Kochzeit: 25–30 Min.

Zubereitung

1 Die gekochten Kartoffeln pellen, in Scheiben schneiden, in eine ausgefettete Auflaufform schichten, mit Salz, Pfeffer, Cayennepfeffer, Kümmel und Muskat würzen.

2 Die Eier mit der Sahne und dem geriebenen Butterkäse verschlagen, gleichmäßig auf den Kartoffeln verteilen und im auf 180–200 °C vorgeheizten Backofen 15–20 Minuten überbacken.

3 Die Butter in einer Pfanne erhitzen, die geschälten, fein gehackten Zwiebeln darin glasig schwitzen.

4 Das Mischgemüse entsprechend putzen, klein schneiden, zu den Zwiebeln geben und kurz mitschwitzen.

5 Die Gemüsebrühe angießen, mit Salz, Pfeffer, Cayennepfeffer, Kümmel und Muskat abschmecken und zugedeckt bei mäßiger Hitze 10–15 Minuten köcheln lassen. Zum Schluss die Crème fraîche unterziehen.

6 Das Gemüseragout mit den Käsekartoffeln dekorativ anrichten und servieren.

Kartoffelpfanne mit Gemüse

Für 4 Personen
Zubereitungszeit: 15–20 Min./Kochzeit: 25–30 Min.

Zutaten

1 kg gekochte Kartoffeln
1 Stange Lauch
Gemüsebrühe zum Blanchieren
3–4 EL Butter
2 Zucchini
2 grüne Paprika
100 g Schalotten
2 Knoblauchzehen
2 Chilischoten
einige Rosmarinzweige
Salz, Pfeffer aus der Mühle
1 Prise Cayennepfeffer

Zubereitung

1 Die Kartoffeln pellen und in Scheiben schneiden. Den Lauch putzen, waschen, in Streifen schneiden und in der kochenden Gemüsebrühe kurz blanchieren.

2 2 EL Butter in einer Pfanne erhitzen, die Kartoffelscheiben bei mittlerer Hitze goldbraun braten.

3 In der Zwischenzeit die Zucchini putzen, waschen und in Scheiben schneiden, die Paprika waschen, entkernen und in Streifen schneiden.

4 Die Schalotten schälen und vierteln, die Knoblauchzehen schälen und fein hacken. Die Chilischoten entkernen und Streifen schneiden.

5 In einer zweiten Pfanne die restliche Butter erhitzen und das Gemüse darin anschwitzen.

6 Die Rosmarinnadeln von den Rosmarinzweigen abzupfen, fein hacken und zum Gemüse geben.

7 Die gebratenen Kartoffeln und den blanchierten Lauch zum Gemüse geben. Nochmals gut durchbraten, mit Salz, Pfeffer und Cayennepfeffer kräftig würzen und servieren.

Weinkartoffeln

Zutaten

800 g Kartoffeln
500 g Zwiebeln
5 Knoblauchzehen
750 ml trockener Weißwein
Salz, Pfeffer aus der Mühle
1 Prise Muskat
1 Prise Zucker
1 Prise Cayennepfeffer
100 g Butterflöckchen
1 Bund Petersilie

Für 4 Personen
Zubereitungszeit: 15–20 Min./Kochzeit: 45–50 Min.

Zubereitung

1 Die Kartoffeln unter fließendem Wasser abbürsten, gut abtropfen lassen und in Spalten schneiden.

2 Die Zwiebeln schälen, vierteln oder achteln. Die Knoblauchzehen schälen und in feine Scheiben oder Stücke schneiden.

3 Die Kartoffeln mit den Zwiebeln, dem Knoblauch und dem Weißwein in eine Auflaufform füllen. Mit Salz, Pfeffer, Muskat, Zucker und Cayennepfeffer kräftig würzen.

4 Die Butterflöckchen darauf verteilen und die Weinkartoffeln im auf 180–200 °C vorgeheizten Backofen 45–50 Minuten braten.

5 Nach Ende der Garzeit die Weinkartoffeln herausnehmen, nachwürzen, mit der verlesenen, gewaschenen und fein gehackten Petersilie bestreuen, garnieren und servieren.

Gemüsepuffer mit Apfel-Kräuter-Quark

Zutaten

700 g Kartoffeln
250 g Gemüse (Karotte, rote Paprikaschote und Zucchini)
2–3 Eier
3–4 EL Mehl
Salz, Pfeffer aus der Mühle
1 Prise Cayennepfeffer
1 TL Kümmel
Butterschmalz zum Ausbacken

Für den Apfelquark:
500 g Speisequark
100 ml Sahne
1 Zwiebel
100 g Apfelmus
einige Tropfen Zitronensaft
einige Tropfen Worcestersauce
50 g gemischte, frische Kräuter
Kirschtomatenecken und Kräuterzweige zum Garnieren

Für 4 Personen
Zubereitungszeit: 15–20 Min./Kochzeit: 10–15 Min.

Zubereitung

1 Die Kartoffeln schälen, waschen und grob raspeln. Das Gemüse putzen, waschen und ebenfalls grob raspeln.

2 Die Kartoffeln und das Gemüse mit den Eiern und dem Mehl zu einem Teig verarbeiten. Mit Salz, Pfeffer, Cayennepfeffer und Kümmel kräftig würzen.

3 Das Butterschmalz in einer Pfanne erhitzen, den Teig portionsweise in das Fett geben und Gemüsepuffer ausbacken.

4 Den Speisequark mit der Sahne, der geschälten, fein gehackten Zwiebel und dem Apfelmus in eine Schüssel geben und verrühren. Mit Salz, Pfeffer, Zitronensaft und Worcestersauce abschmecken.

5 Die Kräuter verlesen, waschen, fein hacken oder schneiden und unter den Apfelquark rühren.

6 Die Gemüsepuffer mit dem Apfel-Kräuter-Quark dekorativ anrichten, mit Kirschtomatenecken und Kräuterzweigen ausgarnieren und sofort servieren.

Überbackene Kartoffelecken

Für 4 Personen
Zubereitungszeit: 15–20 Min./Kochzeit: 35–40 Min.

Zutaten

12 mittelgroße Kartoffeln
500 ml Gemüsebrühe
2 Lorbeerblätter
einige Nelken und Pfefferkörner
Salz, Pfeffer aus der Mühle
200 g geriebener Gratinkäse

Für das Gemüse:
250 g Schalotten
je 1 rote, grüne und gelbe Paprikaschote
2 EL Olivenöl
2 Knoblauchzehen
250 ml Gemüsebrühe
Kräuterzweige zum Garnieren

Zubereitung

1 Die Kartoffeln schälen, waschen, halbieren und mit einem scharfen Messer fächerartig in dünne Scheiben schneiden.

2 Die Kartoffeln auf ein tiefes Backblech setzen, die Gemüsebrühe angießen, die Gewürze dazugeben, mit Salz und Pfeffer würzen und im auf 200 °C vorgeheizten Backofen ca. 35 Minuten garen.

3 Den Gratinkäse über die Kartoffeln streuen und bei 220 °C 10 Minuten goldgelb überbacken.

4 Für das Gemüse die Schalotten schälen, vierteln oder achteln. Die Paprikaschoten halbieren, entkernen, waschen, abtropfen lassen und in mundgerechte Stücke schneiden.

5 Das Olivenöl in einer Pfanne erhitzen, das Gemüse darin anschwitzen. Die Knoblauchzehen schälen, fein würfeln, dazugeben und mitschwitzen.

6 Die Gemüsebrühe angießen, zum Kochen bringen und bei mäßiger Hitze ca. 8 Minuten köcheln lassen. Mit Salz und Pfeffer abrunden.

7 Die überbackenen Kartoffelecken mit dem Gemüse anrichten, mit Kräuterzweigen garnieren und sofort servieren.

Kartoffel-Zucchini-Pfanne

Zutaten

600 g Kartoffeln „Bamberger Hörnle“ oder andere fest kochende Kartoffeln, Salzwasser
1 EL Kümmel
50 g Butterschmalz

Außerdem:
2 Zwiebeln
1 Zucchini
250 g grüne Bohnen
Salz
Pfeffer aus der Mühle
1 Prise Muskat
1 Prise Cayennepfeffer
Kräuterzweige zum Garnieren

Für 4 Personen
Zubereitungszeit: 15–20 Min./Kochzeit: 20–25 Min.

Zubereitung

1 Die Kartoffeln mit einer Bürste unter fließendem Wasser säubern, in einem Topf mit Salzwasser und dem Kümmel ansetzen und 8–10 Minuten garen.

2 Die Kartoffeln abgießen, erkalten lassen und vierteln, das Butterschmalz in einer Pfanne erhitzen und die Kartoffelschnitze anbraten.

3 Die Zwiebel schälen und in Scheiben oder mundgerechte Stücke schneiden, zu den Kartoffeln geben und mitbraten.

4 Die Zucchini putzen, waschen, halbieren, in Scheiben oder in mundgerechte Stücke schneiden.

5 Die Bohnen putzen, waschen, in Salzwasser bissfest garen, abgießen, abschrecken und mit den Zucchinistücken zu den Kartoffeln geben

6 Die Kartoffel-Zucchini-Pfanne mit Salz, Pfeffer, Muskat und Cayennepfeffer kräftig würzen und fertig braten. Dekorativ anrichten, mit Kräuterzweigen ausgarnieren und sofort servieren.

Silit

Kartoffelgerichte mit Fleisch

Moussaka

Zutaten

500 g Schweinehack
2 EL Olivenöl
2–3 Knoblauchzehen
1 Zwiebel
Salz, Pfeffer aus der Mühle
1 Prise Cayennepfeffer
1 EL gerebelter Majoran
1 TL gerebelter Oregano

Für die Béchamelsauce:
30 g Butter
40 g Mehl
500 ml kalte Milch
1 Prise Muskat

Außerdem:
600 g Auberginen
100 ml Olivenöl
600 g Kartoffeln, Salzwasser
Butter zum Ausfetten
gebratene Auberginenscheiben
und Kräuterzweige zum
Garnieren

Für 4 Personen
Zubereitungszeit: 20–25 Min./Kochzeit: 50–60 Min.

Zubereitung

1 Das Schweinehack im erhitzten Olivenöl unter ständigem Rühren kräftig braten. Knoblauch und Zwiebel schälen, fein würfeln, zum Fleisch geben und kurz mitbraten. Mit Salz, Pfeffer, Cayennepfeffer, Majoran und Oregano kräftig würzen, vom Herd nehmen und bereitstellen.

2 Für die Béchamelsauce die Butter in einem Topf erhitzen. Das Mehl mit dem Schneebesen einrühren, die Milch angießen und das Ganze unter ständigem Rühren zu einer sämigen Sauce verkochen. Mit Salz, Pfeffer, Cayennepfeffer und Muskat abschmecken.

3 Die Auberginen putzen, waschen und in Scheiben schneiden. Das Olivenöl in einer Pfanne erhitzen und die Auberginenscheiben darin braten, salzen, pfeffern, herausnehmen und bereitstellen.

4 Die Kartoffeln unter fließendem Wasser abbürsten, schälen, in Scheiben schneiden und in kochendem Salzwasser 5 Minuten vorgaren.

5 Eine Auflaufform ausfetten, schichtweise Auberginen, Kartoffeln, Fleisch und die Sauce einfüllen. Die letzte Schicht sollen Kartoffeln und Béchamelsauce bilden.

6 Das Moussaka im auf 180–200 °C vorgeheizten Backofen 50–60 Minuten garen.

7 Nach Ende der Garzeit das Moussaka aus dem Ofen nehmen, dekorativ anrichten, mit gebratenen Auberginenscheiben und Kräuterzweigen ausgarnieren und mit einem gemischten Salat servieren.

Kartoffelroulade

Für 4 Personen
Zubereitungszeit: 30–40 Min./Kochzeit: 40–50 Min.

Zubereitung

1 Die Brötchen würfeln, in eine Schüssel geben und mit der heißen Milch übergießen. Die Frühlingszwiebeln putzen, waschen und in Scheiben schneiden. Die Knoblauchzehen schälen und fein würfeln.

2 Die Butter erhitzen, Knoblauch und Frühlingszwiebeln glasig schwitzen. Vom Herd nehmen, abkühlen lassen, mit dem Ei und dem Hackfleisch zu den Brötchen geben und gut verrühren. Die Masse mit Salz, Pfeffer, Cayennepfeffer, Senf und Meerrettich abschmecken. Eine Rolle formen und diese in einen Bräter setzen.

3 Für die Kruste die Kartoffeln schälen, waschen und in eine Schüssel reiben. Mit Salz bestreuen und kurz ziehen lassen. Die Kartoffelraspel mithilfe eines sauberen Küchentuches auspressen, mit dem Ei in eine Schüssel geben und verrühren. Mit Salz, weißem Pfeffer und Muskat abschmecken. Das Schmalz in einer großen Pfanne erhitzen, die Masse einfüllen, glatt streichen, andrücken und braten. Das Rösti mit der ungebratenen Seite auf das Fleisch legen und auf allen Seiten andrücken.

4 Die Kartoffelroulade im auf 180–200 °C vorgeheizten Backofen 40–50 Minuten garen. Für die Sauce die Butter in einer Pfanne erhitzen. Die Zwiebel schälen, fein würfeln, ins Fett geben und glasig schwitzen. Das Tomatenmark einrühren und kurz rösten.

5 Mit Wein ablöschen, die Brühe und die Sahne angießen, zum Kochen bringen, kurz einreduzieren lassen und mit etwas angerührter Speisestärke leicht binden. Die Sauce mit Salz, Pfeffer und Cayennepfeffer abrunden. Die Kartoffelroulade in Scheiben schneiden, mit der Sauce dekorativ anrichten, mit Basilikum ausgarnieren und mit Wurzelgemüse servieren.

Zutaten

2 altbackene Brötchen
150 ml heiße Milch
1 Bund Frühlingszwiebeln
2 Knoblauchzehen
2 EL Butter, 1 Ei
800 g Hackfleisch
Salz, Pfeffer aus der Mühle
1 Prise Cayennepfeffer
2–3 EL mittelscharfer Senf
2–3 EL geriebener Meerrettich

Für die Kartoffelkruste:
800 g Kartoffeln, 1 Ei
1 Prise Muskat
2–3 EL Butterschmalz

Für die Sauce:
1–2 EL Butter, 1 Zwiebel
2–3 EL Tomatenmark
100 ml Weißwein
200 ml Brühe, 200 ml Sahne
Speisestärke zum Binden
Basilikum zum Garnieren

Kartoffelrouladen mit Bratwurstfüllung

Zutaten

1 Packung Kartoffelknödelteig (750 g, Fertigprodukt aus der Kühltheke)

Für die Füllung:
600 g grobes Bratwurstbrät
100 ml Sahne
1 Ei
1 EL geriebene Zitronenschale
1 EL gerebelter Majoran
1 TL gerebelter Thymian
Salz, Pfeffer aus der Mühle
1 Prise Cayennepfeffer
Salzwasser zum Garen

Außerdem:
50 g Butter
Radieschenscheiben und Petersilie zum Garnieren

Für 4 Personen
Zubereitungszeit: 15–20 Min./Kochzeit: 30–35 Min.

Zubereitung

1 Den Kartoffelknödelteig in 2 Portionen teilen, unter Klarsichtfolie zu gleich großen, dünnen Rechtecken ausrollen.

2 Das Bratwurstbrät mit der Sahne, dem Ei, der Zitronenschale und den Kräutern in einer Schüssel abschlagen. Mit Salz, Pfeffer und Cayennepfeffer kräftig würzen.

3 Die Masse gleichmäßig auf die Kartoffelteigrechtecke streichen und diese zusammenrollen.

4 Die Kartoffelrollen erst in Klarsichtfolie, dann in Alufolie wickeln und gut verschließen.

5 Das Salzwasser zum Kochen bringen, die Rollen einlegen und bei mäßiger Hitze 30–35 Minuten gar ziehen lassen.

6 Nach Ende der Garzeit die Kartoffelrouladen aus den Folien wickeln, in Scheiben schneiden und anrichten. Mit zerlassener Butter beträufeln, mit Radieschenscheiben und Petersilie garnieren und mit einem großen, gemischten Salat mit Kresse-Vinaigrette servieren.

Kasseler mit Kartoffel-Käsekruste

Zutaten

800 g Kasseler
1–2 EL Butterschmalz
250 ml Weißwein

Für die Kruste:
1 Packung Kartoffelpüreeflocken
1/2 Bund Petersilie
100 g geriebener, alter Gouda
100 g geriebener Emmentaler
Salz, Pfeffer aus der Mühle
1 Prise Muskat
1 Prise Cayennepfeffer
Butter zum Ausfetten
50 g flüssige Butter
Petersilie und Paprikastücke zum Garnieren

Für 4 Personen
Zubereitungszeit: 20–25 Min./Kochzeit: 70–75 Min.

Zubereitung

1 Das Kasseler unter fließendem Wasser waschen und trockentupfen. Das Butterschmalz in einem Bräter erhitzen und das Kasseler darin rundherum Farbe annehmen lassen.

2 Den Weißwein angießen und das Kasseler in dem auf 180 °C vorgeheizten Backofen etwa 1 Stunde offen garen.

3 Das Kasseler aus dem Ofen nehmen, in Scheiben schneiden und warm stellen. Den Bratenfond in einen Messbecher geben und mit Wasser auf 400 ml auffüllen.

4 Das Kartoffelpüree nach Packungsanweisung mit der Bratensauce zubereiten, vom Herd nehmen und die verlesene, gewaschene und fein gehackte Petersilie untermischen.

5 Den geriebenen Gouda und Emmentaler unter das Püree ziehen, mit Salz, Pfeffer, Muskat und Cayennepfeffer abschmecken.

6 Die Masse in einen Spritzbeutel mit Lochtülle füllen und auf jede Kasselerscheibe Kartoffelmasse dressieren.

7 Die Kasselerscheiben auf ein ausgefettetes Backblech setzen, mit flüssiger Butter beträufeln und unter dem Grill oder im auf 220 °C vorgeheizten Backofen goldgelb überbacken. Das Kasseler mit Kartoffel-Käsekruste herausnehmen, dekorativ anrichten, mit Petersilie und Paprikastücken garnieren und servieren.

Zwiebelkartoffeln mit Würsteln

Für 4 Personen
Zubereitungszeit: 20 Min./Kochzeit: 20 Min.

Zutaten

400 g Zwiebeln
1 EL Butterschmalz
1 Packung Nürnberger Rostbratwürstchen (240 g)
800 g gekochte Kartoffeln vom Vortag
1 Bund glatte Petersilie
Salz, Pfeffer aus der Mühle
1 Prise Cayennepfeffer
Petersilie zum Garnieren

Zubereitung

1 Die Zwiebeln schälen und in Scheiben schneiden. Das Butterschmalz in einer Pfanne erhitzen.

2 Die Bratwürstchen im Fett goldbraun braten, herausnehmen und warm stellen.

3 Die gekochten Kartoffeln pellen, in Scheiben schneiden, ins Fett geben und kurz braten.

4 Die Zwiebeln zu den Kartoffeln geben und alles goldgelb rösten.

5 Die Petersilie verlesen, waschen und klein schneiden. Mit den Bratwürstchen unter die Bratkartoffeln heben und kurz mitbraten.

6 Die Zwiebelkartoffeln mit Würsteln mit Salz, Pfeffer und Cayennepfeffer abschmecken, dekorativ anrichten, mit Petersilienzweigen garnieren und servieren.

Kräuterfrikadellen mit Kartoffelhaube

Zutaten

Für die Kartoffelhaube:
600 g gekochte Kartoffeln
100 g Schmand
2 Eier
Salz, Pfeffer aus der Mühle
1 Prise Muskat
1 Prise Cayennepfeffer

Für die Frikadellen:
800 g gemischtes Hackfleisch
2 in Milch eingeweichte, altbackene Brötchen
1 EL Butter
1 Zwiebel
2 Knoblauchzehen
1 EL Majoran
1 TL Rosmarin
1 TL Thymian
2 Eier
2–3 EL mittelscharfer Senf
Semmelbrösel zum Binden
Fett zum Braten
Kräuterzweige zum Garnieren

Für 4 Personen
Zubereitungszeit: 30–40 Min./Kochzeit: 20–25 Min.

Zubereitung

1 Die gekochten Kartoffeln abgießen, leicht erkalten lassen und pellen, anschließend durch die Kartoffelpresse treiben und in eine Schüssel geben.

2 Das Kartoffelpüree mit dem Schmand und den Eiern verrühren, mit Salz, Pfeffer, Muskat und Cayennepfeffer abschmecken, das Püree in einen Spritzbeutel mit Sterntülle füllen und bereitstellen.

3 Das Hackfleisch mit den ausgedrückten Brötchen in eine Schüssel geben. Die Butter in einer Pfanne erhitzen. Die Zwiebel und die Knoblauchzehen schälen, fein würfeln, ins Fett geben und glasig schwitzen.

4 Den Majoran, den Rosmarin und den Thymian dazugeben, durchschwenken, vom Herd nehmen, leicht erkalten lassen und zum Hackfleisch geben.

5 Die Eier und den Senf dazugeben und das Ganze zu einer glatten Masse verarbeiten. Mit Salz, Pfeffer und Cayennepfeffer würzen und mit Semmelbröseln leicht binden.

6 Aus der Masse Frikadellen abdrehen. Fett in einer Pfanne erhitzen und die Frikadellen darin braten.

7 Die Kräuterfrikadellen herausnehmen, in eine feuerfeste Form setzen, auf jede Frikadelle eine Rosette aufspritzen und das Ganze in dem auf 180–200 °C vorgeheizten Backofen 10–15 Minuten backen.

8 Die Kräuterfrikadellen mit Kartoffelhaube dekorativ anrichten, mit Kräuterzweigen garnieren und mit buntem Gemüse servieren.

Hackfleischgemüse-schnitten vom Blech

Zutaten

1 rote Chilischote
2 altbackene Brötchen
200 ml heiße Milch
800 g gemischtes Hackfleisch
2 Eier
Salz, Pfeffer aus der Mühle
1 EL gemahlener Kümmel
1 EL gerebelter Majoran
1 EL Butterschmalz zum Ausfetten
20 g Semmelbrösel zum Bestreuen

Außerdem:
1 Kohlrabi, 1 Zucchini, 2 Karotten, Salzwasser
2 Zwiebeln
2 Knoblauchzehen
1 EL Olivenöl
500 gekochte Kartoffeln
3 Eier
200 ml Sahne, 1 Prise Muskat
200 g geriebener Edamer

Für 4 Personen
Zubereitungszeit: 30 Min./Kochzeit: 40–45 Min.

Zubereitung

1 Die Chilischote entkernen und fein hacken. Die Brötchen klein schneiden, in der heißen Milch einweichen, ausdrücken, mit dem Hackfleisch, den Eiern und der gehackten Chillischote in einer Schüssel zu einer glatten, kompakten Masse verarbeiten. Mit Salz, Pfeffer, Kümmel und Majoran kräftig würzen.

2 Ein kleines Backblech mit hohem Rand ausfetten, mit Semmelbröseln bestreuen und die Hackfleischmasse darin glatt streichen.

3 Die Kohlrabi, die Zucchini und die Karotten putzen, waschen, in Scheiben schneiden und in kochendem Salzwasser sortenweise bissfest blanchieren.

4 Die Zwiebeln und die Knoblauchzehen schälen und in feine Scheiben schneiden. Das Olivenöl in einer Pfanne erhitzen und die Knoblauchzwiebeln darin anschwitzen. Mit Salz und Pfeffer abschmecken, das blanchierte Gemüse untermischen und alles auf der Hackfleischmasse verteilen.

5 Die Kartoffeln pellen und in Scheiben schneiden und auf dem Gemüse verteilen.

6 Die Eier mit der Sahne verschlagen, mit Salz, Pfeffer und Muskat würzen und auf den Kartoffeln verteilen.

7 Mit geriebenem Edamer bestreuen und in dem auf 200 °C vorgeheizten Backofen 40–45 Minuten garen. Nach 20 Minuten mit Alufolie abdecken.

8 Nach Ende der Garzeit aus dem Ofen nehmen und portionieren. Die Hackfleischgemüseschnitten anrichten, mit Salatblättern, Tomatenscheiben und Kräuterzweigen ausgarnieren und servieren.

Schnitzel mit Kartoffelkruste

Für 4 Personen
Zubereitungszeit: 20–25 Min./Kochzeit: 10–15 Min.

Zubereitung

1 Die Schweineschnitzel waschen, trockentupfen, leicht klopfen und mit Salz und Pfeffer würzen.

2 Das Butterschmalz in einer Pfanne erhitzen, die Schnitzel darin anbraten, herausnehmen und bereitstellen.

3 Die Kartoffeln schälen, waschen, fein reiben und mithilfe eines sauberen Küchentuches ausdrücken. Mit Salz, Pfeffer und Muskat kräftig würzen.

4 Die Kartoffelmasse auf den Schnitzeln verteilen und gut andrücken. Mit der Kartoffelseite nach unten ins erhitzte Bratfett geben und ca. 10 Minuten braten.

5 Sie können die Schnitzel auch mit der Kartoffelkruste nach unten in der Pfanne 3 Minuten anbraten, wenden und im auf 200 °C vorgeheizten Backofen etwa 15 Minuten fertig garen.

6 Für die Sauce den Rum mit dem Bratensaft, dem Honig und dem Szechuanpfeffer in einem Topf zum Kochen bringen. Mit der angerührten Speisestärke leicht binden, mit Salz und Pfeffer abrunden.

7 Die gegarten Schnitzel mit der Sauce anrichten, mit Sternfruchtscheiben und Kapstachelbeeren garnieren und mit einem gemischten Salat mit Zitronendressing servieren.

Zutaten

4 Schweineschnitzel
à 180–200 g
Salz, Pfeffer aus der Mühle
2 EL Butterschmalz
600 g Kartoffeln
1 Prise Muskat

Für die Sauce:
200 ml brauner Rum
300 ml klarer Bratensaft
2 EL Honig
1 TL Szechuanpfeffer
1 EL Speisestärke zum Binden
einige Sternfruchtscheiben und Kapstachelbeeren

Kartoffellasagne mit Hackfleisch

Zutaten

2 EL Olivenöl
500 g gemischtes Hackfleisch
1 Zwiebel
2 Knoblauchzehen
2–3 EL Tomatenmark
400 g Tomatenstückchen aus der Dose
Salz, Pfeffer aus der Mühle
1 Prise Cayennepfeffer
1 EL Majoran
1 TL Rosmarin

Außerdem:
800 g Kartoffeln
Salzwasser
Butter zum Ausfetten
400 g Raclettekäse
1 Bund Petersilie

Für 4 Personen
Zubereitungszeit: 20–25 Min./Kochzeit: 40–45 Min.

Zubereitung

1 Das Olivenöl in einer Pfanne erhitzen und das Hackfleisch darin unter ständigem Rühren braten.

2 Die Zwiebel und die Knoblauchzehen schälen, fein würfeln, zum Fleisch geben und kurz mitbraten.

3 Das Tomatenmark einrühren, die Tomaten enthäuten, entkernen, klein schneiden und zum Fleisch geben.

4 Das Ganze mit Salz, Pfeffer, Cayennepfeffer, Majoran und Rosmarin würzen und bei mäßiger Hitze 8–10 Minuten köcheln lassen, vom Herd nehmen und bereitstellen.

5 Die Kartoffeln unter fließendem Wasser abbürsten, in einen Topf geben, Salzwasser angießen, die Kartoffeln zum Kochen bringen und 10–12 Minuten garen.

6 Anschließend die Kartoffeln abgießen, leicht erkalten lassen, pellen und in 1 cm dicke Scheiben schneiden.

7 Eine Auflaufform ausfetten, die Kartoffeln, das Hackfleisch und den Raclettekäse schichtweise einfüllen und im auf 180 °C vorgeheizten Backofen 40–45 Minuten garen.

8 Nach Ende der Garzeit die Kartoffellasagne aus dem Ofen nehmen, dekorativ anrichten, mit der verlesenen, gewaschenen und fein gehackten Petersilie bestreuen und servieren.

Gefüllte Hackfleischkartoffeln

Zutaten

800 g möglichst große Kartoffeln
Salzwasser

Für die Füllung:
1–2 EL Olivenöl
1 Zwiebel
2–3 Knoblauchzehen
500 g Rinderhack
1 EL Majoran
1 TL Thymian
Salz, Pfeffer aus der Mühle
1 Prise Cayennepfeffer
2 Tomaten
200 g Feta-Käse
Fett zum Ausfetten

Für die Tomatensauce:
1–2 EL Butter, 1 Zwiebel
500 g Tomaten
2–3 EL Tomatenmark
250 ml Gemüsebrühe
Kräuterzweige zum Garnieren

Für 4 Personen
Zubereitungszeit: 30–40 Min./Kochzeit: 25–30 Min.

Zubereitung

1 Die Kartoffeln waschen, im Salzwasser 10–12 Minuten garen, abgießen, leicht erkalten lassen, pellen, halbieren und mit einem Teelöffel das Fruchtfleisch zur Hälfte herausschaben.

2 Die Olivenöl in einer Pfanne erhitzen. Die Zwiebel und die Knoblauchzehen schälen, fein würfeln, das Rinderhack ins Fett geben und 4–5 Minuten braten, Zwiebeln, Knoblauch und das ausgehöhlte und klein geschnittene Kartoffelfruchtfleisch dazugeben und kurz mitbraten.

3 Das Ganze mit Majoran, Thymian, Salz, Pfeffer und Cayennepfeffer kräftig würzen und zum Schluss die enthäuteten, entkernten und gewürfelten Tomaten sowie den klein geschnittenen Feta-Käse untermischen.

4 Die ausgehöhlten Kartoffeln in eine Auflaufform setzen, mit der Hackmasse füllen, in eine ausgefettete Auflaufform geben und im auf 180–200 °C vorgeheizten Backofen 25–30 Minuten garen.

5 In der Zwischenzeit für die Tomatensauce die Butter in einem Topf erhitzen. Die Zwiebel schälen, würfeln, ins Fett geben und glasig schwitzen. Die Tomaten enthäuten, entkernen, klein schneiden und zu den Zwiebeln geben, anschwitzen und das Tomatenmark einrühren.

6 Die Gemüsebrühe angießen, einmal aufkochen lassen, pürieren und erhitzen. Die Sauce mit Salz, Pfeffer und Cayennepfeffer kräftig würzen. Die Sauce auf heißen Tellern verteilen.

7 Die gefüllten Hackfleischkartoffeln aus dem Ofen nehmen, auf die Sauce setzen, mit Kräuterzweigen ausgarnieren und mit einem gemischten Salat servieren.

Kartoffelsalat mit Regensburgern

Für 4 Personen
Zubereitungszeit: 30–35 Min./Kochzeit: 20–25 Min.

Zubereitung

1 Die Kartoffeln unter fließendem Wasser abbürsten, mit Salzwasser in einen Topf geben und 20 Minuten garen.

2 Die Kartoffeln abgießen, abkühlen lassen, pellen, in Scheiben schneiden und in eine Schüssel geben.

3 Das Olivenöl in einem Topf erhitzen, die Zwiebel schälen, in feine Scheiben schneiden, ins Fett geben und glasig schwitzen.

4 Die Essiggurken abtropfen lassen, in Scheiben schneiden, zu den Zwiebeln geben und kurz mitschwitzen.

5 Die Brühe und den Branntweinessig angießen und einmal aufkochen lassen.

6 Den Senf einrühren, das Dressing mit Salz, Pfeffer und Zucker würzen, die verlesene, gewaschene und fein geschnittene Petersilie untermischen und den Kartoffelsalat damit anmachen.

7 Die Regensburger Würstchen in heißem Wasser erhitzen. Mit dem Kartoffelsalat anrichten und servieren.

Zutaten

1 kg fest kochende Kartoffeln
Salzwasser
50 ml Olivenöl
1 Zwiebel
250 g Essiggurken
250 ml Gemüse- oder Fleischbrühe
50 ml Branntweinessig
2 EL mittelscharfer Senf
Salz, Pfeffer aus der Mühle
1 Prise Zucker
1 Bund Petersilie
4 Paar Regensburger Würstchen (ca. 500 g)

Kartoffelpfanne mit Rosenkohl

Zutaten

1 kg Kartoffeln
Salzwasser
je 300 g Karotten und Rosenkohl
Gemüsebrühe zum Garen
1 EL Butterschmalz
2 Zwiebeln
4 Paar Wiener Würstchen
Salz, Pfeffer aus der Mühle
1 Prise Cayennepfeffer
einige Zweige Rosmarin
1 Bund Petersilie
Kräuterzweige zum Garnieren

Für 4 Personen
Zubereitungszeit: 30–35 Min./Kochzeit: 15–20 Min.

Zubereitung

1 Die Kartoffeln unter fließendem Wasser abbürsten, mit dem Salzwasser in einem Topf zum Kochen bringen und 20 Minuten garen.

2 Die Kartoffeln abgießen, pellen, erkalten lassen und in Scheiben schneiden.

3 Die Karotten schälen, halbieren, in Scheiben schneiden, den Rosenkohl putzen, waschen und halbieren.

4 Die Gemüsebrühe in einem Topf zum Kochen bringen, das Gemüse darin sortenweise bissfest garen, herausnehmen, abtropfen lassen und warm stellen.

5 Das Butterschmalz in einer Pfanne erhitzen, die Kartoffeln darin rösten.

6 Die Zwiebeln schälen und in Scheiben schneiden, zu den Kartoffeln geben und mitbraten.

7 Die in Scheiben geschnittenen Würstchen mit den Karotten und dem Rosenkohl zu den Kartoffeln geben und braten. Mit Salz, Pfeffer und Cayennepfeffer würzen.

8 Den Rosmarin und die Petersilie verlesen, waschen, abtropfen lassen, fein schneiden und unter die Kartoffelpfanne heben.

9 Die Kartoffelpfanne anrichten, mit Kräuterzweigen garnieren und servieren.

Köstliche Kartoffelbeilagen

Kartoffelsalat mit Feldsalat und Speckchips

Zutaten

800 g fest kochende Kartoffeln
Salzwasser
1–2 EL Olivenöl
1 Zwiebel
200 ml Gemüse- oder Fleischbrühe
50 ml Weinessig
1–2 EL mittelscharfer Senf
Salz, Pfeffer aus der Mühle
50 ml Olivenöl
200 g Feldsalat
1 Bund Schnittlauch

Außerdem:
200 g durchwachsener, geräucherter Speck (in dünne Scheiben geschnitten)
Kräuterzweige zum Garnieren

Für 4 Personen
Zubereitungszeit: 30 Min./Kochzeit: 25–30 Min.

Zubereitung

1 Die Kartoffeln unter fließendem Wasser abbürsten, mit dem Salzwasser in einem Topf zum Kochen bringen und zugedeckt 18–20 Minuten garen.

2 Die Kartoffeln abgießen, leicht abkühlen lassen, pellen und in Scheiben schneiden.

3 Das Olivenöl in einem Topf erhitzen. Die Zwiebel schälen, fein würfeln, ins Fett geben und glasig schwitzen.

4 Die Gemüse- oder Fleischbrühe und den Weinessig dazugeben und einmal aufkochen lassen.

5 Den Senf in das Dressing rühren, mit Salz und Pfeffer abrunden, vom Herd nehmen und das Olivenöl untermischen.

6 Das noch heiße Dressing über die Kartoffeln gießen und vermischen.

7 Den Feldsalat verlesen, waschen, gut abtropfen lassen, mit dem verlesenen, gewaschenen und fein geschnittenen Schnittlauch zum Kartoffelsalat geben und vorsichtig untermischen.

8 Den Speck in 2–3 cm breite Streifen schneiden und in einer trockenen Pfanne kross braten.

9 Den Kartoffelsalat mit Feldsalat dekorativ anrichten, die Speckchips dazugeben, mit Kräuterzweigen ausgarnieren und servieren.

Kartoffel-Sellerie-Püree

Zutaten

500 g mehlig kochende Kartoffeln
500 g Sellerie
Saft von 1 Zitrone
100 ml Milch, Salzwasser
2 EL Butter
125 ml süße Sahne
Selleriesalz
Pfeffer aus der Mühle
1 Prise Muskat
1 Prise Cayennepfeffer

Außerdem:
2 Zwiebeln
1 EL Paprikapulver edelsüß
2–3 EL Butter
2–3 EL Olivenöl
1/2 Bund Petersilie
Kräuterzweige zum Garnieren

Für 4 Personen
Zubereitungszeit: 10–15 Min./Kochzeit: 20–25 Min.

Zubereitung

1 Die Kartoffeln schälen und in Würfel schneiden, den Sellerie putzen, in Würfel schneiden und mit Zitronensaft beträufeln.

2 Die Milch in einen Topf geben, die Kartoffeln und den Sellerie dazugeben und so viel Salzwasser angießen, dass das Gemüse fast bedeckt ist.

3 Anschließend die Kartoffeln und den Sellerie 20 Minuten garen, abgießen und durch die Kartoffelpresse treiben.

4 Die Butter und die Sahne in einen Topf geben, erhitzen, mit Selleriesalz, Pfeffer, Muskat und Cayennepfeffer kräftig würzen und unter das Püree schlagen.

5 Die Zwiebeln schälen und in feine Scheiben schneiden, mit dem Paprikapulver bestäuben, die Butter und das Olivenöl in einer Pfanne erhitzen und die Zwiebelscheiben darin braten.

6 Das Kartoffel-Sellerie-Püree in einen Spritzbeutel füllen, auf heiße Teller dressieren, mit den Röstzwiebeln belegen, mit der verlesenen, gewaschenen und fein gehackten Petersilie bestreuen, mit Kräuterzweigen garnieren und servieren.

7 Das Kartoffel-Sellerie-Püree passt sehr gut zu allen Fleisch- und Fischgerichten, die mit einer kräftigen Sauce serviert werden.

Kartoffelbauzen

Für 4 Personen
Zubereitungszeit: 20 Min./Kochzeit: 30–35 Min.

Zubereitung

1 Die Kartoffeln unter fließendem Wasser abbürsten, mit Salzwasser in einen Topf geben, zum Kochen bringen und 18–20 Minuten garen.

2 Die Kartoffeln abgießen, leicht abkühlen lassen, pellen und durch die Kartoffelpresse treiben.

3 Die Eier und das gesiebte Mehl zu den Kartoffeln geben und zu einem glatten Teig verarbeiten.

4 Mit Salz, weißem Pfeffer, Muskat und Cayennepfeffer würzen.

5 Aus der Kartoffelmasse Würstchen formen. Salzwasser erhitzen und die Kartoffelbauzen darin 4–5 Minuten gar ziehen lassen, herausnehmen, gut abtropfen und erkalten lassen.

6 Das Schmalz erhitzen und die Kartoffelbauzen goldgelb ausbacken.

7 Die Kartoffelbauzen passen sehr gut zu Sauerkraut und Wirsinggemüse, sind aber auch eine passende Beilage zu Schweinebraten, Bauchfleisch oder zu Wildgerichten.

Zutaten

1 kg mehlig kochende Kartoffeln
Salzwasser zum Garen
2 Eier
250 g Mehl
Salz, weißer Pfeffer aus der Mühle
1 Prise Muskat
1 Prise Cayennepfeffer
Butterschmalz zum Ausbacken

Chilihähnchen auf Zitronenkartoffeln

Zutaten

1 großes Brathähnchen
Salz, Pfeffer aus der Mühle
4 milde Chilischoten
1–2 EL Butterschmalz
2–3 EL Honig
3–4 EL Rum

Für die Kartoffeln:
1 kg Kartoffeln
100 g Schalotten
2 Knoblauchzehen
1–2 EL geriebene Zitronenschale
je 1 Zweig Rosmarin, Thymian und Majoran
50 ml Maiskeimöl
1 Prise Muskat
1 Prise Cayennepfeffer
Saft von 2–3 Zitronen
2–3 Lorbeerblätter

Außerdem:
1 Bund Schnittlauch
gebratene Chilischoten zum Garnieren

Für 4 Personen
Zubereitungszeit: 30–40 Min./Kochzeit: 40–45 Min.

Zubereitung

1 Das küchenfertige Hähnchen unter fließendem Wasser waschen, mit Salz und Pfeffer würzen.

2 Die Chilischoten putzen, halbieren und in feine Würfel schneiden. Die Haut des Hähnchens vorsichtig vom Fleisch lösen und die Chiliwürfel zwischen Haut und Fleisch geben.

3 Das Butterschmalz in einem Bräter erhitzen und das Hähnchen einsetzen, im auf 180 °C vorgeheizten Backofen 45–50 Minuten braten. Während der Garzeit öfter mit dem Schmalz beträufeln. Den Rum und den Honig verrühren und das Hähnchen damit kurz vor Garende bestreichen und leicht überbacken.

4 In der Zwischenzeit die Kartoffeln unter fließendem Wasser abbürsten, schälen und in Würfel schneiden. Die Schalotten und die Knoblauchzehen schälen und achteln, mit den Kartoffeln, der Zitronenschale und den verlesenen, gewaschenen und fein geschnittenen Kräutern vermischen.

5 Ein Backblech mit dem Maiskeimöl einstreichen und die Kartoffeln darauf gleichmäßig verteilen. Mit Salz, Pfeffer, Muskat und Cayennepfeffer würzen.

6 Mit Zitronensaft beträufeln, die Lorbeerblätter dazugeben und im auf 180–200 °C vorgeheizten Backofen 35–40 Minuten braten.

7 Nach Ende der Garzeit das in Stücke geschnittene Hähnchen mit den Zitronenkartoffeln dekorativ anrichten, mit dem verlesenen, gewaschenen und fein geschnittenen Schnittlauch bestreuen, mit den gebratenen Chilischoten ausgarnieren und sofort servieren.

Pariser Kartoffeln mit Schweinefilet

Zutaten

1,5 kg große Kartoffeln
Salzwasser
1 EL Butterschmalz
Salz, Pfeffer aus der Mühle
1 Prise Muskat
8 kleine Schweinemedaillons
1 EL Butterschmalz
100 ml Weißwein
300 ml gebundene Bratensoße
125 g Knoblauch
Crème fraîche
1 Gläschen grüner Pfeffer
(30 g Abtropfgewicht)
Salatblätter, Tomatenscheiben
und Petersilie zum Garnieren

Für 4 Personen
Zubereitungszeit: 30–40 Min./Kochzeit: 20–25 Min.

Zubereitung

1 Die Kartoffeln schälen, mit einem Kugelausstecher Kartoffelkugeln ausstechen und diese im kochendem Salzwasser 8–10 Minuten garen.

2 Das Butterschmalz in einer Pfanne erhitzen, die gut abgetropften Kartoffelkugeln bei mittlerer Hitze goldbraun braten und mit Salz, Pfeffer und Muskat würzen.

3 Die Schweinemedaillons waschen, trockentupfen und mit Salz und Pfeffer würzen.

4 Das Butterschmalz in einer Pfanne erhitzen und die Schweinemedaillons von allen Seiten anbraten. Die Schweinemedaillons herausnehmen und im auf 160 °C vorgeheizten Backofen ca. 15 Minuten fertig garen.

5 Den Bratenfond mit Weißwein ablöschen, mit der gebundenen Bratensoße auffüllen und einmal aufkochen. Mit Salz und Pfeffer kräftig abschmecken, die Crème fraîche und den abgetropften grünen Pfeffer einrühren.

6 Die Kartoffeln mit dem Schweinefilet und dem Pfefferrahm dekorativ anrichten, mit Salatblättern, Tomatenscheiben und Petersilie ausgarnieren und mit einem Salat servieren.

Rotkohlrouladen mit Kartoffelfüllung

Zutaten

1 kleiner Kopf Rotkohl
Salzwasser
1 Schuss Rotweinessig

Für die Füllung:
800 g Kartoffeln
2–3 EL Butter
3 große Zwiebeln
100 ml Sahne
Salz, Pfeffer aus der Mühle
1 Prise Muskat
1 Prise Cayennepfeffer
1 Bund Petersilie
2–3 Eigelb
Butter zum Ausfetten
500 ml Gemüsebrühe

Außerdem:
2 EL Tomatenmark
200 ml Sahne
1–2 EL grober Senf
Speisestärke zum Binden
Basilikum zum Garnieren

Für 4 Personen
Zubereitungszeit: 40 Min./Kochzeit: 40–45 Min.

Zubereitung

1 Die Rotkohlblätter ablösen, waschen, das Salzwasser mit dem Rotweinessig mischen, zum Kochen bringen und die Blätter darin kurz blanchieren, herausnehmen, gut abtropfen lassen und je zwei bis drei Blätter auf einer Arbeitsfläche übereinander legen.

2 Die Kartoffeln waschen, in Salzwasser garen, abgießen, abkühlen lassen, pellen und durch die Kartoffelpresse treiben. Die Butter in einer Pfanne erhitzen. Die Zwiebeln schälen, fein würfeln und in der Butter goldgelb braten. Mit der Sahne zu den Kartoffeln geben.

3 Die Masse mit Salz, Pfeffer, Muskat und Cayennepfeffer würzen. Die gehackte Petersilie und die Eigelbe unter das Kartoffelpüree rühren. Die Masse gleichmäßig auf den Rotkohlblättern verteilen, diese mithilfe eines sauberen Küchentuches zu Rouladen drehen.

4 Die Rouladen in eine ausgefettete Auflaufform setzen. Etwas Brühe angießen und im auf 180–200 °C vorgeheizten Backofen 35–40 Minuten garen. Während der Garzeit öfter mit der Gemüsebrühe auffüllen.

5 Nach Ende der Garzeit die Rotkohlrouladen aus der Sauce nehmen. Die restliche Gemüsebrühe angießen und erhitzen. Das Tomatenmark, die Sahne und den Senf einrühren und kurz einreduzieren lassen.

6 Die Sauce mit etwas angerührter Speisestärke leicht binden, mit Salz, Pfeffer, Muskat und Cayennepfeffer würzen.

7 Die Rotkohlrouladen dekorativ anrichten, die Sauce angießen, mit Basilikum ausgarnieren und servieren. Zu den Rotkohlrouladen mit Kartoffelfüllung passt sehr gut ein kurz gebratenes Schweinerückensteak.

Kartoffelsalat mit Wiener Schnitzel

Für 4 Personen
Zubereitungszeit: 25–30 Min./Kochzeit: 10–15 Min.

Zubereitung

1 Die Kalbsschnitzel unter fließendem Wasser waschen, trockentupfen, leicht klopfen, mit Salz und Pfeffer würzen und in Mehl wenden.

2 Die Schnitzel durch die verschlagenen Eier ziehen und mit den Semmelbröseln panieren.

3 Reichlich Sonnenblumenöl in einer Pfanne erhitzen und die Schnitzel darin langsam auf beiden Seiten goldbraun braten.

4 Die Kartoffeln schälen und in Scheiben schneiden. Das Sonnenblumenöl erhitzen und die Kartoffeln darin bei mittlerer Hitze langsam braten.

5 Mit Salz, Pfeffer und Muskat kräftig würzen. Die verlesene, gewaschene und fein gehackte Petersilie untermischen.

6 Die Wiener Schnitzel mit den Bratkartoffeln auf heißen Tellern anrichten.

7 Für die Garnitur die Zitronenscheiben mit Sardellenringen und Kapern belegen, auf die Wiener Schnitzel legen, mit Salatblättern, Radieschenrosen und Petersilie garnieren und servieren.

Zutaten

4 Kalbsschnitzel à 200 g
Salz, Pfeffer aus der Mühle
2 EL Mehl
3 Eier
150 g Semmelbrösel
4 EL Sonnenblumenöl zum Braten

Für die Bratkartoffeln:
1 kg gekochte Kartoffeln vom Vortag
50 ml Sonnenblumenöl
1 Prise Muskat
1/2 Bund Petersilie

Für die Garnitur
4 Zitronenscheiben
4 Sardellenfilets
12 Kapern
Salatblätter (z. B. Lollo rosso)
1 Bund Radieschen
Petersilie zum Garnieren

Register

Register

Unipart bei area

Einbandgestaltung: agilmedien, Köln
Printed in Slovenia 2005
ISBN 3-89996-606-6

www.area-verlag.de